Exotische Köstlichkeiten aus Indien

Eine kulinarische Reise durch die Vielfalt der Gewürze

Rajiv Mehta

Inhalt

Würzige Bananenstückchen 18
    Zutaten 18
    Methode 18

Masala Dosa 19
    Zutaten 19
    Methode 19

Soja-Kebab 21
    Zutaten 21
    Methode 22

Grieß-Idli 23
    Zutaten 23
    Methode 24

Eier-Kartoffel-Schnitzel 25
    Zutaten 25
    Methode 25

Chivda 26
    Zutaten 26
    Methode 27

Bhajjia-Brot 28
    Zutaten 28
    Methode 28

Eier-Masala 29
    Zutaten 29

- Methode 30
- Garnelen-Pakoda 31
  - Zutaten 31
  - Methode 31
- Käse-Crunchies 33
  - Zutaten 33
  - Methode 34
- Mysore Bonda 35
  - Zutaten 35
  - Methode 35
- Radhaballabhi 36
  - Zutaten 36
  - Methode 36
- Medou Vada 38
  - Zutaten 38
  - Methode 38
- Tomatenomelett 40
  - Zutaten 40
  - Methode 41
- Ei Bhurji 42
  - Zutaten 42
  - Methode 43
- Eierschnitzel 44
  - Zutaten 44
  - Methode 45
- Jhal Mudi 46
  - Zutaten 46

Methode	46
Tofu Tikka	47
Zutaten	47
Für die Marinade:	47
Methode	47
Aloo Kabli	49
Zutaten	49
Methode	49
Masala-Omelett	50
Zutaten	50
Methode	51
Erdnuss-Masala	52
Zutaten	52
Methode	52
Kothmir Wadi	53
Zutaten	53
Methode	54
Reis- und Maisbrötchen	55
Zutaten	55
Methode	55
Dahi-Kotelett	56
Zutaten	56
Methode	56
Uthappam	58
Zutaten	58
Methode	58
Koraishutir Kochuri	59

    Zutaten 59

    Methode 59

Kanda Vada 61

    Zutaten 61

    Methode 61

Aloo Tuk 62

    Zutaten 62

    Methode 62

Kokosschnitzel 64

    Zutaten 64

    Methode 64

Dhokla mit Mungosprossen 66

    Zutaten 66

    Methode 66

Paneer Pakoda 67

    Zutaten 67

    Methode 68

Indischer Hackbraten 69

    Zutaten 69

    Methode 70

Paneer Tikka 71

    Zutaten 71

    Für die Marinade: 71

    Methode 72

Paneer-Schnitzel 73

    Zutaten 73

    Methode 74

Dhal ke Kebab 75
    Zutaten 75
    Methode 75

Herzhafte Reisbällchen 76
    Zutaten 76
    Methode 76

Nahrhafte Roti-Rolle 77
    Zutaten 77
    Für die Rotis: 77
    Methode 78

Hähnchen-Minz-Kebab 79
    Zutaten 79
    Methode 80

Masala-Chips 81
    Zutaten 81
    Methode 81

Gemischtes Gemüse-Samosa 82
    Zutaten 82
    Für das Gebäck: 82
    Methode 83

Gehackte Brötchen 84
    Zutaten 84
    Methode 85

Golli-Kebab 86
    Zutaten 86
    Methode 87

Mathis 88

Zutaten 88

Methode 88

Poha Pakoda 89

Zutaten 89

Methode 90

Hariyali Murgh Tikka 91

Zutaten 91

Für die Marinade: 91

Methode 92

Boti-Kebab 93

Zutaten 93

Methode 94

Plaudern 95

Zutaten 95

Methode 96

Kokos-Dosa 97

Zutaten 97

Methode 97

Trockenfruchtpfannkuchen 98

Zutaten 98

Methode 98

Gekochter Reis-Dosa 100

Zutaten 100

Methode 101

Unreife Bananenpfannkuchen 102

Zutaten 102

Methode 103

Sooji Vada 104
    Zutaten 104
    Methode 105
Süße und saure herzhafte Häppchen 106
    Zutaten 106
    Für die Muthias: 106
    Methode 107
Garnelenfrikadellen 108
    Zutaten 108
    Methode 109
Reshmi-Kebab 110
    Zutaten 110
    Methode 110
Gebrochener Weizengenuss 111
    Zutaten 111
    Methode 112
Methi Dhokla 113
    Zutaten 113
    Methode 114
Erbsenkuchen 115
    Zutaten 115
    Methode 116
Nimki 117
    Zutaten 117
    Methode 118
Dahi Pakoda Chaat 119
    Zutaten 119

- Methode 119
- Gebratene Fischpaste 121
  - Zutaten 121
  - Methode 122
- Fisch-Caldine 123
  - Zutaten 123
  - Methode 124
- Garnelen-Ei-Curry 125
  - Zutaten 125
  - Methode 126
- Maulwurfsfisch 127
  - Zutaten 127
  - Methode 127
- Garnelen Bharta 129
  - Zutaten 129
  - Methode 130
- Würziger Fisch und Gemüse 131
  - Zutaten 131
  - Methode 132
- Makrelenschnitzel 133
  - Zutaten 133
  - Methode 134
- Tandoori-Krabbe 135
  - Zutaten 135
  - Methode 135
- Gefüllter Fisch 136
  - Zutaten 136

Methode 137
Garnelen-Blumenkohl-Curry 138
    Zutaten 138
    Für die Gewürzmischung: 138
    Methode 139
Sautierte Muscheln 140
    Zutaten 140
    Methode 141
Gebratene Garnelen 142
    Zutaten 142
    Methode 143
Makrele in Tomatensauce 144
    Zutaten 144
    Methode 145
Konju Ullaruathu 146
    Zutaten 146
    Methode 147
Chemeen Manga Curry 148
    Zutaten 148
    Methode 149
Einfache Machchi-Pommes 150
    Zutaten 150
    Methode 150
Machher Kalia 151
    Zutaten 151
    Methode 152
Gebratener Fisch im Ei 153

- Zutaten 153
  - Methode 153
- Lau Chingri 154
  - Zutaten 154
  - Methode 155
- Fischtomate 156
  - Zutaten 156
  - Methode 157
- Chingri Machher Kalia 158
  - Zutaten 158
  - Methode 158
- Fisch-Tikka-Kebab 160
  - Zutaten 160
  - Methode 160
- Schnitzel Chingri Machher 161
  - Zutaten 161
  - Methode 162
- Gekochter Fisch 163
  - Zutaten 163
  - Methode 163
- Garnelen mit grünen Paprika 165
  - Zutaten 165
  - Methode 165
- Machher Jhole 166
  - Zutaten 166
  - Methode 167
- Machher Paturi 168

Zutaten	168
Methode	169
Chingri Machher Shorsher Jhole	170
Zutaten	170
Methode	171
Garnelen-Kartoffel-Curry	172
Zutaten	172
Methode	173
Garnelenmaulwurf	174
Zutaten	174
Methode	175
Koliwada-Fisch	176
Zutaten	176
Methode	177
Fisch- und Kartoffelbrötchen	178
Zutaten	178
Methode	179
Garnelen-Masala	180
Zutaten	180
Methode	181
Knoblauchfisch	182
Zutaten	182
Methode	182
Kartoffelreis	183
Zutaten	183
Für die Fleischbällchen:	183
Methode	184

Gemüse-Pulao 185
    Zutaten 185
    Methode 186

Kachche Gosht ki Biryani 187
    Zutaten 187
    Für die Marinade: 187
    Methode 188

Achari Gosht ki Biryani 190
    Zutaten 190
    Methode 191

Yakhni Pulao 193
    Zutaten 193
    Methode 194

Hyderabadi Biryani 196
    Zutaten 196
    Für die Gewürzmischung: 196
    Methode 197

Gemüse-Biryani 198
    Zutaten 198
    Methode 199

Grünkohl Moti ki Biryani 201
    Zutaten 201
    Methode 202

Gehackt & Masoor Pulao 204
    Zutaten 204
    Methode 205

Hühnchen Biryani 206

    Zutaten 206
    Für die Marinade: 206
        Methode 207
Garnelen-Biryani 209
    Zutaten 209
    Für die Gewürzmischung: 209
    Methode 210
Kartoffel-Ei-Biryani 212
    Zutaten 212
    Für den Teig: 213
    Methode 213
Den Poulao in Scheiben schneiden 215
    Zutaten 215
    Methode 216
Chana Pulao 217
    Zutaten 217
    Methode 217
Einfaches Khichdi 219
    Zutaten 219
    Methode 219
Reis-Masala 220
    Zutaten 220
    Methode 221
Zwiebelreis 222
    Zutaten 222
    Methode 222
Gedünsteter Reis 224

Zutaten 224
Methode 224

Würzige Bananenstückchen

Für 4 Personen

Zutaten

4 unreife Bananen

125g/4½oz Besan*

75 ml Wasser

½ Teelöffel Chilipulver

TL Kurkuma

½ Teelöffel Amchoor*

Salz nach Geschmack

Raffiniertes Pflanzenöl zum Braten

Methode

- Die Bananen in ihrer Schale 7 bis 8 Minuten dämpfen. Schälen und in Scheiben schneiden. Zur Seite legen.

- Alle restlichen Zutaten außer dem Öl zu einer dicken Paste verrühren. Zur Seite legen.

- Das Öl in einer Pfanne erhitzen. Die Bananenscheiben in den Teig tauchen und bei mittlerer Hitze goldbraun braten.

- Heiß mit Minz-Chutney servieren

Masala Dosa

(Crêpe gefüllt mit würzigen Kartoffeln)

Ergibt 10-12

Zutaten

2 Esslöffel raffiniertes Pflanzenöl

½ Esslöffel Urad Dhal*

½ Teelöffel Kreuzkümmelsamen

½ Teelöffel Senfkörner

2 große Zwiebeln, in dünne Scheiben geschnitten

TL Kurkuma

Salz nach Geschmack

2 große Kartoffeln, gekocht und gehackt

1 Esslöffel gehackte Korianderblätter

Frische Sada Dosa

Methode

- Das Öl in einem Topf erhitzen. Urad Dhal, Kreuzkümmel und Senfkörner hinzufügen. Lassen Sie sie 15 Sekunden lang spucken. Die Zwiebeln dazugeben und glasig dünsten.

- Kurkuma, Salz, Kartoffeln und Korianderblätter hinzufügen. Gut vermischen und vom Herd nehmen.

- Geben Sie einen Esslöffel dieser Kartoffelmischung in die Mitte jeder Sada Dosa.

- Zu einem Dreieck falten, um die Kartoffelmischung zu bedecken. Heiß mit Kokos-Chutney servieren

Soja-Kebab

Gib 2

Zutaten

500 g Soja-Nuggets, über Nacht eingeweicht

1 Zwiebel, fein gehackt

3-4 Knoblauchzehen

2,5 cm Ingwerwurzel

1 TL Zitronensaft

2 Teelöffel Korianderblätter, gehackt

2 Esslöffel eingeweichte und gehobelte Mandeln

½ Teelöffel Garam Masala

½ Teelöffel Chilipulver

1 Teelöffel Chaat Masala*

Raffiniertes Pflanzenöl zum flachen Braten

Methode

- Die Soja-Nuggets abtropfen lassen. Alle restlichen Zutaten außer Öl hinzufügen. Zu einer dicken Paste vermahlen und 30 Minuten im Kühlschrank lagern.

- Teilen Sie die Mischung in walnussgroße Kugeln und drücken Sie diese flach.

- Das Öl in einer Pfanne erhitzen. Die Spieße dazugeben und goldbraun braten. Heiß mit Minz-Chutney servieren

Grieß-Idli

(Grießkuchen)

Ergibt 12

Zutaten

4 Teelöffel raffiniertes Pflanzenöl

150 g Grieß

120 ml Sauerrahm

TL Senfkörner

TL Kreuzkümmel

5 grüne Chilis, gehackt

1 cm Ingwerwurzel, gerieben

4 Esslöffel Korianderblätter, fein gehackt

Salz nach Geschmack

4-5 Curryblätter

Methode

- 1 Teelöffel Öl in einem Topf erhitzen. Den Grieß dazugeben und 30 Sekunden braten. Sauerrahm hinzufügen. Zur Seite legen.

- Restliches Öl in einer Bratpfanne erhitzen. Senfkörner, Kreuzkümmel, grüne Chilis, Ingwer, Korianderblätter, Salz und Curryblätter hinzufügen. 2 Minuten anbraten.

- Fügen Sie es der Grießmischung hinzu. 10 Minuten ruhen lassen.

- Gießen Sie die Grießmischung in gefettete Idli-Formen oder Cupcake-Formen. 15 Minuten dämpfen. Von den Muscheln nehmen. Heiß servieren.

Eier-Kartoffel-Schnitzel

Für 4 Personen

Zutaten

4 hartgekochte Eier, püriert

2 Kartoffeln, gekocht und püriert

½ Teelöffel gemahlener schwarzer Pfeffer

2 grüne Chilis, gehackt

1 cm/½ in Ingwerwurzel, fein gehackt

2 Knoblauchzehen, fein gehackt

½ Teelöffel Zitronensaft

Salz nach Geschmack

Raffiniertes Pflanzenöl zum flachen Braten

Methode

- Alle Zutaten außer dem Öl vermischen.
- In walnussgroße Kugeln teilen und zu Schnitzeln formen.
- Das Öl in einem Topf erhitzen. Die Schnitzel dazugeben und goldbraun braten.
- Heiß servieren.

Chivda

(Gemischter geschlagener Reis)

Für 4 Personen

Zutaten

2 Esslöffel raffiniertes Pflanzenöl

1 TL Senfkörner

½ Teelöffel Kreuzkümmelsamen

½ Teelöffel Kurkuma

8 Curryblätter

750g/1lb 10oz Poha*

125 g Erdnüsse

75 g Chana Dhal*, braten

1 Esslöffel Puderzucker

Salz nach Geschmack

Methode

- Das Öl in einem Topf erhitzen. Senfkörner, Kreuzkümmel, Kurkuma und Curryblätter hinzufügen. Lassen Sie sie 15 Sekunden lang spucken.

- Alle restlichen Zutaten hinzufügen und 4-5 Minuten bei schwacher Hitze anbraten.

- Vollständig abkühlen lassen. In einem dicht verschlossenen Behälter aufbewahren.

BEMERKTE:*Dieser ist bis zu 15 Tage haltbar.*

Bhajjia-Brot

(Brotkrapfen)

Für 4 Personen

Zutaten

85 g Maismehl

1 Zwiebel, fein gehackt

½ Teelöffel Chilipulver

1 TL gemahlener Koriander

Salz nach Geschmack

75 ml Wasser

8 Scheiben Brot, in Viertel geschnitten

Raffiniertes Pflanzenöl zum Braten

Methode

- Alle Zutaten außer Brot und Öl zu einer dicken Paste vermischen.
- Das Öl in einer Pfanne erhitzen. Die Brotstücke in den Teig tauchen und goldbraun braten.
- Heiß mit Ketchup oder Minz-Chutney servieren.

Eier-Masala

Für 4 Personen

Zutaten

2 kleine Zwiebeln, gehackt

2 grüne Chilis, gehackt

2 Esslöffel raffiniertes Pflanzenöl

1 Teelöffel Ingwerpaste

1 Teelöffel Knoblauchpaste

1 Teelöffel Chilipulver

½ Teelöffel Kurkuma

1 TL gemahlener Koriander

1 Teelöffel gemahlener Kreuzkümmel

½ Teelöffel Garam Masala

2 Tomaten, fein gehackt

2 Esslöffel Besan*

Salz nach Geschmack

25 g/ein paar Korianderblätter, fein gehackt

8 Eier, gekocht und halbiert

Methode

- Gehackte Zwiebeln und grüne Chilis zu einer groben Paste zermahlen.

- Das Öl in einem Topf erhitzen. Fügen Sie diese Paste zusammen mit Ingwerpaste, Knoblauchpaste, Chilipulver, Kurkuma, gemahlenem Koriander, gemahlenem Kreuzkümmel und Garam Masala hinzu. Gut vermischen und unter ständigem Rühren 3 Minuten braten.

- Die Tomaten dazugeben und 4 Minuten anbraten.

- Besan und Salz hinzufügen. Gut vermischen und eine weitere Minute braten.

- Die Korianderblätter dazugeben und weitere 2-3 Minuten bei mittlerer Hitze braten.

- Die Eier dazugeben und vorsichtig verrühren. Das Masala sollte die Eier von allen Seiten gut bedecken. Bei schwacher Hitze 3-4 Minuten kochen lassen.

- Heiß servieren.

Garnelen-Pakoda

(Gebratener Garnelensnack)

Für 4 Personen

Zutaten

250 g geschälte und entdarmte rosa Garnelen

Salz nach Geschmack

375g/13oz Besan*

1 Teelöffel Ingwerpaste

1 Teelöffel Knoblauchpaste

½ Teelöffel Kurkuma

1 Teelöffel Garam Masala

150 ml Wasser

Raffiniertes Pflanzenöl zum Braten

Methode

- Marinieren Sie die Garnelen 20 Minuten lang mit Salz.
- Die restlichen Zutaten außer dem Öl hinzufügen.
- Fügen Sie so viel Wasser hinzu, dass eine dicke Paste entsteht.
- Das Öl in einem Topf erhitzen. Kleine Löffel Teig dazugeben und bei mittlerer Hitze goldbraun braten. Auf Papiertüchern abtropfen lassen.

- Heiß mit Minz-Chutney servieren.

Käse-Crunchies

Für 6 Personen

Zutaten

2 Esslöffel einfaches Weißmehl

240 ml Milch

4 Esslöffel Butter

1 mittelgroße Zwiebel, fein gehackt

Salz nach Geschmack

150 g Ziegenkäse, abgetropft

150 g Cheddar, gerieben

12 Scheiben Brot

2 Eier, geschlagen

Methode

- Mehl, Milch und 1 Teelöffel Butter in einem Topf vermischen. Zum Kochen bringen und darauf achten, dass sich keine Klumpen bilden. Köcheln lassen, bis die Mischung eindickt. Zur Seite legen.
- Restliche Butter in einem Topf erhitzen. Die Zwiebel bei mittlerer Hitze anbraten, bis sie weich ist.
- Salz, Ziegenkäse, Cheddar und Mehlmischung hinzufügen. Gut vermischen und beiseite stellen.
- Die Brotscheiben mit Butter bestreichen. Einen Löffel der Käsemischung auf 6 Scheiben verteilen und mit den anderen 6 Scheiben bedecken.
- Bestreichen Sie die Oberseite dieser Sandwiches mit dem geschlagenen Ei.
- Im vorgeheizten Backofen bei 180 °C (350 °F/Gas Stufe 6) 10 bis 15 Minuten goldbraun backen. Heiß mit Ketchup servieren.

Mysore Bonda

(Südindische gebratene Mehlknödel)

Ergibt 12

Zutaten

175 g/6 Unzen einfaches Weißmehl

1 kleine Zwiebel, fein gehackt

1 Esslöffel Reismehl

120 ml Sauerrahm

Prise Backpulver

2 Esslöffel gehackte Korianderblätter

Salz nach Geschmack

Raffiniertes Pflanzenöl zum Braten

Methode

- Bereiten Sie den Teig vor, indem Sie alle Zutaten außer dem Öl vermischen. 3 Stunden ruhen lassen.
- Das Öl in einer Pfanne erhitzen. Geben Sie einen Löffel Teig hinein und braten Sie ihn bei mittlerer Hitze goldbraun. Heiß mit Ketchup servieren.

Radhaballabhi

(Bengalische herzhafte Brötchen)

Ergibt 12-15

Zutaten

4 Esslöffel Mung Dhal*

4 Esslöffel Chana Dhal*

4 Nelken

3 grüne Kardamomkapseln

½ Teelöffel Kreuzkümmelsamen

3 Esslöffel Ghee plus etwas Ghee zum Braten

Salz nach Geschmack

350 g/12 Unzen einfaches Weißmehl

Methode

- Die Dhals über Nacht einweichen. Das Wasser abgießen und zu einer Paste vermahlen. Zur Seite legen.
- Mahlen Sie Nelken, Kardamom und Kreuzkümmel.
- 1 Esslöffel Ghee in einer Pfanne erhitzen. Die gemahlenen Gewürze 30 Sekunden lang anbraten. Fügen Sie die Dhal-Paste und das Salz hinzu. Bei

mittlerer Hitze anbraten, bis es trocken ist. Zur Seite legen.
- Das Mehl mit 2 EL Ghee, Salz und ausreichend Wasser zu einem festen Teig verkneten. In zitronengroße Kugeln teilen. In Scheiben rollen und frittierte Dhal-Kugeln in die Mitte legen. Verschließt wie eine Tasche.
- Rollen Sie die Beutel zu dicken Puris mit einem Durchmesser von jeweils 10 cm. Zur Seite legen.
- Das Ghee in einem Topf erhitzen. Die Puris goldbraun braten.
- Auf saugfähigem Papier abtropfen lassen und heiß servieren.

Medou Vada

(Gebratene Linsenkuchen)

Für 4 Personen

Zutaten

300 g Urad Dhal*6 Stunden eingeweicht

Salz nach Geschmack

¼ Teelöffel Asafoetida

8 Curryblätter

1 Teelöffel Kreuzkümmelsamen

1 Teelöffel gemahlener schwarzer Pfeffer

Raffiniertes Gemüse zum Braten

Methode

- Lassen Sie das Urad Dhal abtropfen und mahlen Sie es zu einer dicken, trockenen Paste.
- Alle restlichen Zutaten außer dem Öl hinzufügen und gut vermischen.
- Befeuchte deine Handflächen. Aus dem Teig eine zitronengroße Kugel formen, flach drücken und wie bei einem Donut ein Loch in die Mitte bohren. Für den Rest des Teigs wiederholen.
- Das Öl in einer Pfanne erhitzen. Die Vadas goldbraun braten.

- Heiß mit Sambhar servieren.

Tomatenomelett

Gib 10

Zutaten

2 große Tomaten, fein gehackt

180g/6½oz Besan*

85 g Vollkornmehl

2 Esslöffel Grieß

1 große Zwiebel, fein gehackt

½ Teelöffel Ingwerpaste

½ Teelöffel Knoblauchpaste

TL Kurkuma

½ Teelöffel Chilipulver

1 TL gemahlener Koriander

½ Teelöffel gemahlener Kreuzkümmel, trocken geröstet

25 g/ein paar Korianderblätter, gehackt

Salz nach Geschmack

120 ml Wasser

Raffiniertes Gemüse zum Einfetten

Methode

- Alle Zutaten außer dem Öl zu einer dicken Paste vermischen.
- Eine flache Pfanne einfetten und erhitzen. Einen Löffel Teig darauf verteilen.
- Etwas Öl um das Omelett gießen, einen Deckel auflegen und bei mittlerer Hitze 2 Minuten garen. Zurückkehren und wiederholen. Für den Rest des Teigs wiederholen.
- Heiß mit Tomatenketchup oder Minzchutney servieren

Ei Bhurji

(Scharfes Rührei)

Für 4 Personen

Zutaten

4 Esslöffel raffiniertes Pflanzenöl

½ Teelöffel Kreuzkümmelsamen

2 große Zwiebeln, fein gehackt

8 Knoblauchzehen, fein gehackt

½ Teelöffel Kurkuma

3 grüne Chilischoten, fein gehackt

2 Tomaten, fein gehackt

Salz nach Geschmack

8 Eier, geschlagen

10 g Korianderblätter, gehackt

Methode

- Das Öl in einem Topf erhitzen. Die Kreuzkümmelsamen hinzufügen. Lassen Sie sie 15 Sekunden lang spucken. Die Zwiebeln dazugeben und bei mittlerer Hitze glasig dünsten.
- Knoblauch, Kurkuma, grüne Chilis und Tomaten hinzufügen. 2 Minuten anbraten. Die Eier hinzufügen und unter ständigem Rühren kochen, bis die Eier gar sind.
- Mit Korianderblättern dekorieren und heiß servieren.

Eierschnitzel

Gib 8

Zutaten

240 ml raffiniertes Pflanzenöl

1 große Zwiebel, fein gehackt

1 Teelöffel Ingwerpaste

1 Teelöffel Knoblauchpaste

Salz nach Geschmack

½ Teelöffel gemahlener schwarzer Pfeffer

2 große Kartoffeln, gekocht und püriert

8 hartgekochte Eier, halbiert

1 geschlagenes Ei

100 g Semmelbrösel

Methode

- Das Öl in einem Topf erhitzen. Zwiebel, Ingwerpaste, Knoblauchpaste, Salz und schwarzen Pfeffer hinzufügen. Bei mittlerer Hitze braten, bis es braun ist.
- Fügen Sie die Kartoffeln hinzu. 2 Minuten braten.
- Entfernen Sie das Eigelb und geben Sie es zur Kartoffelmischung. Gut mischen.
- Die ausgehöhlten Eier mit der Kartoffel-Eigelb-Mischung füllen.
- Tauchen Sie sie in das geschlagene Ei und wälzen Sie sie in Semmelbröseln. Zur Seite legen.
- Das Öl in einer Pfanne erhitzen. Die Eier goldbraun braten. Heiß servieren.

Jhal Mudi

(Scharf gepuffter Reis)

Für 5-6 Personen

Zutaten

300 g Kurmure*

1 Gurke, fein gehackt

125 g gekochtes Chana*

1 große Kartoffel, gekocht und fein gehackt

125 g/4½ oz geröstete Erdnüsse

1 große Zwiebel, fein gehackt

25 g/ein paar Korianderblätter, fein gehackt

4-5 Esslöffel Senföl

1 Esslöffel gemahlener Kreuzkümmel, trocken geröstet

2 Esslöffel Zitronensaft

Salz nach Geschmack

Methode

- Alle Zutaten gut vermischen. Sofort servieren.

Tofu Tikka

Gibt 15

Zutaten

300 g Tofu, in 5 cm große Stücke geschnitten

1 grüne Paprika, gewürfelt

1 Tomate, gewürfelt

1 große Zwiebel, gewürfelt

1 Teelöffel Chaat Masala*

250 g griechischer Joghurt

½ Teelöffel Garam Masala

½ Teelöffel Kurkuma

1 Teelöffel Knoblauchpaste

1 TL Zitronensaft

Salz nach Geschmack

1 Esslöffel raffiniertes Pflanzenöl

Für die Marinade:

25 g/einige 1 Unze Korianderblätter, gemahlen

25 g/ein paar Minzblätter, gemahlen

Methode

- Die Zutaten der Marinade miteinander vermischen. Den Tofu mit der Mischung 30 Minuten lang marinieren.
- Mit den Paprika-, Tomaten- und Zwiebelstücken 20 Minuten grillen, dabei gelegentlich wenden.
- Chaat Masala darüber streuen. Heiß mit Minz-Chutney servieren

Aloo Kabli

(Würzige Mischung aus Kartoffeln, Kichererbsen und Tamarinde)

Für 4 Personen

Zutaten

3 große Kartoffeln, gekocht und in kleine Würfel geschnitten

250 g weiße Erbsen*, gekocht

1 große Zwiebel, fein gehackt

1 grüne Chilischote, fein gehackt

2 Teelöffel Tamarindenpaste

2 Teelöffel trocken geröstete Kreuzkümmelsamen, gemahlen

10 g Korianderblätter, gehackt

Salz nach Geschmack

Methode

- Alle Zutaten in einer Schüssel vermischen. Leicht zerdrücken.
- Gekühlt oder bei Zimmertemperatur servieren.

Masala-Omelett

Gib 6

Zutaten

8 Eier, geschlagen

1 große Zwiebel, fein gehackt

1 Tomate, fein gehackt

4 grüne Chilis, fein gehackt

2-3 Knoblauchzehen, fein gehackt

2,5 cm Ingwerwurzel, fein gehackt

3 Esslöffel fein gehackte Korianderblätter

1 Teelöffel Chaat Masala*

½ Teelöffel Kurkuma

Salz nach Geschmack

6 Esslöffel raffiniertes Pflanzenöl

Methode

- Alle Zutaten außer dem Öl vermischen und gut vermischen.
- Eine Pfanne erhitzen und 1 Esslöffel Öl darauf verteilen. Ein Sechstel der Eimasse darauf verteilen.
- Sobald das Omelett fest ist, wenden Sie es um und braten Sie es auf der anderen Seite bei mittlerer Hitze.
- Für den Rest des Teigs wiederholen.
- Heiß mit Ketchup oder Minz-Chutney servieren

Erdnuss-Masala

Für 4 Personen

Zutaten

500 g/1 Pfund 2 Unzen geröstete Erdnüsse

1 große Zwiebel, fein gehackt

3 grüne Chilischoten, fein gehackt

25 g/ein paar Korianderblätter, fein gehackt

1 große Kartoffel, gekocht und gehackt

1 Teelöffel Chaat Masala*

1 Esslöffel Zitronensaft

Salz nach Geschmack

Methode

- Alle Zutaten gut vermischen. Sofort servieren.

Kothmir Wadi

(Frittierte Bällchen mit Koriander)

Ergibt 20-25

Zutaten

100 g fein gehackte Korianderblätter

250g/9oz Besan*

45 g Reismehl

3 grüne Chilischoten, fein gehackt

½ Teelöffel Ingwerpaste

½ Teelöffel Knoblauchpaste

1 Esslöffel Sesamkörner

1 Teelöffel Kurkuma

1 TL gemahlener Koriander

1 Teelöffel Zucker

¼ Teelöffel Asafoetida

TL Backpulver

Salz nach Geschmack

150 ml Wasser

Raffiniertes Pflanzenöl zum Einfetten plus Extra zum flachen Braten

Methode

- In einer Schüssel alle Zutaten außer dem Öl vermischen. Etwas Wasser hinzufügen, bis eine dicke Paste entsteht.
- Eine runde Kuchenform (20 cm) mit Öl einfetten und den Teig hineingießen.
- 10–15 Minuten dämpfen. 10 Minuten abkühlen lassen. Schneiden Sie die gedämpfte Mischung in quadratische Stücke.
- Das Öl in einer Pfanne erhitzen. Die Stücke auf beiden Seiten goldbraun braten. Heiß servieren.

Reis- und Maisbrötchen

Für 4 Personen

Zutaten

100 g gedämpfter Reis, püriert

200 g gekochte Maiskörner

125g/4½oz Besan*

1 große Zwiebel, fein gehackt

1 Teelöffel Garam Masala

½ Teelöffel Chilipulver

10 g Korianderblätter, gehackt

Saft von 1 Zitrone

Salz nach Geschmack

Raffiniertes Pflanzenöl zum Braten

Methode

- Alle Zutaten außer Öl vermischen.
- Das Öl in einem Topf erhitzen. Geben Sie kleine Löffel der Mischung in das Öl und braten Sie sie von allen Seiten goldbraun an.
- Auf Papiertüchern abtropfen lassen. Heiß servieren.

Dahi-Kotelett

(Joghurtschnitzel)

Für 4 Personen

Zutaten

Griechischer Joghurt 600g/1lb 5oz

Salz nach Geschmack

3 Esslöffel gehackte Korianderblätter

6 grüne Chilischoten, fein gehackt

200 g Semmelbrösel

1 Teelöffel Garam Masala

2 Teelöffel Walnüsse, gehackt

2 Esslöffel einfaches Weißmehl

½ Teelöffel Backpulver

90 ml Wasser

Raffiniertes Pflanzenöl zum Braten

Methode

- Den Joghurt mit Salz, Korianderblättern, Chilischoten, Semmelbröseln und Garam Masala vermischen. In zitronengroße Portionen aufteilen.

- Drücken Sie ein paar zerkleinerte Walnüsse in die Mitte jeder Portion. Zur Seite legen.
- Mehl, Backpulver und so viel Wasser vermischen, dass eine dünne Paste entsteht. Die Schnitzel in den Teig tauchen und beiseite stellen.
- Das Öl in einem Topf erhitzen. Die Schnitzel goldbraun braten.
- Heiß mit Minz-Chutney servieren

Uthappam

(Reispfannkuchen)

Ergibt 12

Zutaten

500 g Reis

150 g Urad Dhal*

2 TL Bockshornkleesamen

Salz nach Geschmack

12 Esslöffel raffiniertes Pflanzenöl

Methode

- Alle Zutaten außer Öl vermischen. 6-7 Stunden in Wasser einweichen. Abgießen und zu einer feinen Paste zermahlen. 8 Stunden lang gären lassen.
- Eine Pfanne erhitzen und 1 Teelöffel Öl darauf verteilen.
- Einen großen Esslöffel Teig hineingeben. Wie ein Pfannkuchen verteilen.
- Bei schwacher Hitze 2-3 Minuten kochen lassen. Zurückkehren und wiederholen.
- Für den Rest des Teigs wiederholen. Heiß servieren.

Koraishutir Kochuri

(Mit Erbsen gefülltes Brot)

Für 4 Personen

Zutaten

175 g/6 Unzen einfaches Weißmehl

TL Salz

2 Esslöffel Ghee plus etwas mehr zum Braten

500 g/1 Pfund 2 Unzen gefrorene Erbsen

2,5 cm Ingwerwurzel

4 kleine grüne Paprika

2 Esslöffel Fenchelsamen

¼ Teelöffel Asafoetida

Methode

- Das Mehl mit ¼ Teelöffel Salz und 2 Esslöffel Ghee verkneten. Zur Seite legen.
- Erbsen, Ingwer, Chilis und Fenchel zu einer feinen Paste zermahlen. Zur Seite legen.
- Einen Teelöffel Ghee in einer Pfanne erhitzen. Die Asafoetida 30 Sekunden lang braten.
- Erbsenpaste und ½ Teelöffel Salz hinzufügen. 5 Minuten anbraten. Zur Seite legen.

- Teilen Sie den Teig in 8 Kugeln. Flach drücken und jeweils mit der Erbsenmischung füllen. Wie eine Tasche schließen und wieder flach drücken. Zu runden Scheiben ausrollen.
- Das Ghee in einem Topf erhitzen. Die gefüllten Scheiben dazugeben und bei mittlerer Hitze goldbraun braten. Auf saugfähigem Papier abtropfen lassen und heiß servieren.

Kanda Vada

(Zwiebelkotelett)

Für 4 Personen

Zutaten

4 große Zwiebeln, in Scheiben geschnitten

4 grüne Chilis, fein gehackt

10 g Korianderblätter, gehackt

TL Knoblauchpaste

¾ TL Ingwerpaste

½ Teelöffel Kurkuma

Prise Backpulver

Salz nach Geschmack

250g/9oz Besan*

Raffiniertes Pflanzenöl zum Braten

Methode

- Alle Zutaten außer dem Öl vermischen. Kneten und 10 Minuten ruhen lassen.
- Das Öl in einem Topf erhitzen. Löffelweise der Mischung zum Öl geben und bei mittlerer Hitze goldbraun braten. Heiß servieren.

Aloo Tuk

(Scharfer Kartoffelsnack)

Für 4 Personen

Zutaten

8-10 Babykartoffeln, vorgekocht

Salz nach Geschmack

Raffiniertes Pflanzenöl zum Braten

2 Esslöffel Minz-Chutney

2 Esslöffel süßes Tomatenchutney

1 große Zwiebel, fein gehackt

2-3 grüne Chilis, fein gehackt

1 Teelöffel schwarzes Salz, pulverisiert

1 Teelöffel Chaat Masala*

Saft von 1 Zitrone

Methode

- Drücken Sie vorsichtig auf die Kartoffeln, um sie etwas flacher zu machen. Mit Salz bestreuen.
- Das Öl in einem Topf erhitzen. Die Kartoffeln dazugeben und von allen Seiten goldbraun braten.

- Übertragen Sie die Kartoffeln auf eine Servierplatte. Streuen Sie das Minz-Chutney und das süße Tomaten-Chutney darüber.
- Streuen Sie Zwiebeln, grüne Chilis, schwarzes Salz, Chaat Masala und Zitronensaft darüber. Sofort servieren.

Kokosschnitzel

Gib 10

Zutaten

200 g frische Kokosnuss, gerieben

2,5 cm Ingwerwurzel

4 grüne Chilischoten

2 große Zwiebeln, fein gehackt

50 g Korianderblätter

4-5 Curryblätter

Salz nach Geschmack

2 große Kartoffeln, gekocht und püriert

2 Eier, geschlagen

100 g Semmelbrösel

Raffiniertes Pflanzenöl zum Braten

Methode

- Kokosnuss, Ingwer, Chilis, Zwiebeln, Korianderblätter und Curryblätter vermahlen. Zur Seite legen.
- Salz zu den Kartoffeln geben und gut vermischen.
- Machen Sie zitronengroße Kartoffelbällchen und drücken Sie sie auf Ihrer Handfläche flach.

- Geben Sie etwas gemahlene Kokosnussmischung in die Mitte jedes Schnitzels. Schließen Sie sie wie eine Tasche und drücken Sie sie sanft wieder flach.
- Tauchen Sie jedes Schnitzel in das geschlagene Ei und wälzen Sie es in Semmelbröseln.
- Das Öl in einem Topf erhitzen. Die Schnitzel goldbraun braten.
- Auf saugfähigem Papier abtropfen lassen und heiß mit Minz-Chutney servieren

Dhokla mit Mungosprossen

(Gedämpfter Mungkeimkuchen)

Gib 20

Zutaten

200 g gekeimte Mungobohnen

150 g Mung Dhal*

2 Esslöffel Sauerrahm

Salz nach Geschmack

2 Esslöffel geriebene Karotten

Raffiniertes Pflanzenöl zur Schmierung

Methode

- Mungobohnen, Mung Dhal und Sauerrahm vermischen. Zu einer glatten Paste vermahlen. Gärung für 3-4 Stunden. Salz hinzufügen und beiseite stellen.
- Eine runde Kuchenform (20 cm) mit Butter bestreichen. Gießen Sie die Dhal-Mischung hinein. Die Karotten darüberstreuen und 7 Minuten dünsten.
- In Stücke schneiden und heiß servieren.

Paneer Pakoda

(Frittierter Paneer-Teig)

Für 4 Personen

Zutaten

2½ Teelöffel Chilipulver

1¼ Teelöffel Amchoor*

250g/9oz-Platte*, in große Stücke schneiden

8 Esslöffel Besan*

Salz nach Geschmack

Prise Backpulver

150 ml Wasser

Raffiniertes Pflanzenöl zum Braten

Methode

- 1 EL Chilipulver und Amchoor vermischen. Die Paneer-Stücke mit der Mischung 20 Minuten lang marinieren.
- Mischen Sie das Besan mit dem restlichen Chilipulver, Salz, Backpulver und ausreichend Wasser, um eine Paste herzustellen.
- Das Öl in einem Topf erhitzen. Tauchen Sie jedes Stück Paneer in den Teig und braten Sie es bei mittlerer Hitze goldbraun.
- Heiß mit Minz-Chutney servieren

Indischer Hackbraten

Für 4 Personen

Zutaten

500 g Rinderhackfleisch

200 g Speckscheiben

½ Teelöffel Ingwerpaste

½ Teelöffel Knoblauchpaste

2 grüne Chilischoten, fein gehackt

½ Teelöffel gemahlener schwarzer Pfeffer

¼ Teelöffel geriebene Muskatnuss

Saft von 1 Zitrone

Salz nach Geschmack

2 Eier, geschlagen

Methode

- In einem Topf alle Zutaten außer den Eiern vermischen.
- Bei starker Hitze kochen, bis die Mischung trocken ist. An einem kühlen Ort aufbewahren.
- Die geschlagenen Eier dazugeben und gut vermischen. In eine 20 x 10 cm/8 x 4 Zoll große Kuchenform füllen.
- Die Mischung 15–20 Minuten lang dämpfen. 10 Minuten abkühlen lassen. In Scheiben schneiden und heiß servieren.

Paneer Tikka

(Paneer Patty)

Für 4 Personen

Zutaten

250g/9oz-Platte*, in 12 Stücke schneiden

2 Tomaten, geviertelt und ohne Fruchtfleisch

2 grüne Paprika, entkernt und geviertelt

2 mittelgroße Zwiebeln, geviertelt

3-4 Kohlblätter, gerieben

1 kleine Zwiebel, in dünne Scheiben geschnitten

Für die Marinade:

1 Teelöffel Ingwerpaste

1 Teelöffel Knoblauchpaste

250 g griechischer Joghurt

2 Esslöffel flüssige Sahne

Salz nach Geschmack

Methode

- Die Zutaten der Marinade miteinander vermischen. Paneer, Tomaten, Paprika und Zwiebeln mit dieser Mischung 2–3 Stunden marinieren.
- Spießen Sie sie nacheinander auf und grillen Sie sie auf einem Holzkohlegrill, bis die Paneer-Stücke goldbraun sind.
- Mit Kohl und Zwiebeln garnieren. Heiß servieren.

Paneer-Schnitzel

Gib 10

Zutaten

1 Esslöffel Ghee

2 große Zwiebeln, fein gehackt

2,5 cm Ingwerwurzel, gerieben

2 grüne Chilischoten, fein gehackt

4 Knoblauchzehen, fein gehackt

3 Kartoffeln, gekocht und püriert

300 g Ziegenkäse, abgetropft

1 Esslöffel einfaches Weißmehl

3 Esslöffel gehackte Korianderblätter

50 g Semmelbrösel

Salz nach Geschmack

Raffiniertes Pflanzenöl zum Braten

Methode

- Das Ghee in einem Topf erhitzen. Zwiebeln, Ingwer, Chilis und Knoblauch hinzufügen. Unter häufigem Rühren braten, bis die Zwiebel braun wird. Vom Feuer nehmen.
- Kartoffeln, Ziegenkäse, Mehl, Korianderblätter, Semmelbrösel und Salz hinzufügen. Gut vermischen und die Masse zu Schnitzeln formen.
- Das Öl in einem Topf erhitzen. Die Schnitzel goldbraun braten. Heiß servieren.

Dhal ke Kebab

(Dhal Kebab)

Ergibt 12

Zutaten

600g/1lb 5oz Masoor Dhal*

1,2 Liter/2 Pints Wasser

Salz nach Geschmack

3 Esslöffel gehackte Korianderblätter

3 Esslöffel Maisstärke

3 Esslöffel Semmelbrösel

1 Teelöffel Knoblauchpaste

Raffiniertes Pflanzenöl zum Braten

Methode

- Den Dhal mit Wasser und Salz in einem Topf bei mittlerer Hitze 30 Minuten kochen. Lassen Sie das überschüssige Wasser ab und zerdrücken Sie das gekochte Dhal mit einem Holzlöffel.
- Alle restlichen Zutaten außer Öl hinzufügen. Gut vermischen und daraus 12 Pastetchen formen.
- Das Öl in einem Topf erhitzen. Die Patties goldbraun braten. Auf saugfähigem Papier abtropfen lassen und heiß servieren.

Herzhafte Reisbällchen

Für 4 Personen

Zutaten

100 g gedämpfter Reis

125g/4½oz Besan*

Joghurt 125g/4½oz

½ Teelöffel Chilipulver

TL Kurkuma

1 Teelöffel Garam Masala

Salz nach Geschmack

Raffiniertes Pflanzenöl zum Braten

Methode

- Den Reis mit einem Holzlöffel zerdrücken. Alle restlichen Zutaten außer dem Öl hinzufügen und gut vermischen. Dies sollte einen Teig mit der Konsistenz einer Kuchenmischung ergeben. Bei Bedarf Wasser hinzufügen.
- Das Öl in einer Pfanne erhitzen. Löffelweise Teig dazugeben und bei mittlerer Hitze goldbraun braten.
- Auf saugfähigem Papier abtropfen lassen und heiß servieren.

Nahrhafte Roti-Rolle

Für 4 Personen

Zutaten
Für die Füllung:

1 Teelöffel Kreuzkümmelsamen

1 TL Butter

1 gekochte Kartoffel, püriert

1 hartgekochtes Ei, fein gehackt

1 Esslöffel gehackte Korianderblätter

½ Teelöffel Chilipulver

Eine Prise gemahlener schwarzer Pfeffer

Eine Prise Garam Masala

1 Esslöffel Frühlingszwiebeln, fein gehackt

Salz nach Geschmack

Für die Rotis:

85 g Vollkornmehl

1 Teelöffel raffiniertes Pflanzenöl

Prise Salz

Methode

- Alle Zutaten für die Füllung vermischen und gut zerstampfen. Zur Seite legen.
- Alle Zutaten für das Roti vermischen. Zu einem weichen Teig kneten.
- Aus dem Teig walnussgroße Kugeln formen und jeweils zu Scheiben rollen.
- Die pürierte Füllung dünn und gleichmäßig auf jeder Scheibe verteilen. Rollen Sie jede Scheibe zu einer festen Rolle.
- Die Brötchen in einer heißen Pfanne leicht anrösten. Heiß servieren.

Hähnchen-Minz-Kebab

Gib 20

Zutaten

500 g/1 Pfund 2 Unzen gemahlenes Hühnchen

50 g fein gehackte Minzblätter

4 grüne Chilis, fein gehackt

1 TL gemahlener Koriander

1 Teelöffel gemahlener Kreuzkümmel

Saft von 1 Zitrone

1 Teelöffel Ingwerpaste

1 Teelöffel Knoblauchpaste

1 geschlagenes Ei

1 Esslöffel Maisstärke

Salz nach Geschmack

Raffiniertes Pflanzenöl zum Braten

Methode

- Alle Zutaten außer dem Öl vermischen. Zu einem weichen Teig kneten.
- Den Teig in 20 Portionen teilen und jeweils flach drücken.
- Das Öl in einer Pfanne erhitzen. Die Spieße bei mittlerer Hitze goldbraun braten. Heiß mit Minz-Chutney servieren

Masala-Chips

Für 4 Personen

Zutaten

200 g/7 Unzen einfache gesalzene Kartoffelchips

2 Zwiebeln, fein gehackt

10 g Korianderblätter, fein gehackt

2 Teelöffel Zitronensaft

1 Teelöffel Chaat Masala*

Salz nach Geschmack

Methode

- Die Chips zerbröckeln. Alle Zutaten hinzufügen und gut vermischen.
- Sofort servieren.

Gemischtes Gemüse-Samosa

(Gemischtes herzhaftes Gemüse)

Gib 10

Zutaten

2 Esslöffel raffiniertes Pflanzenöl und etwas mehr zum Braten

1 große Zwiebel, fein gehackt

175 g Ingwerpaste

1 Teelöffel gemahlener Kreuzkümmel, trocken geröstet

Salz nach Geschmack

2 Kartoffeln, gekocht und in kleine Würfel geschnitten

125 g gekochte Erbsen

Für das Gebäck:

175 g/6 Unzen einfaches Weißmehl

Prise Salz

2 Esslöffel raffiniertes Pflanzenöl

100 ml Wasser

Methode

- 2 Esslöffel Öl in einer Pfanne erhitzen. Zwiebel, Ingwer und gemahlenen Kreuzkümmel hinzufügen. Unter ständigem Rühren 3–5 Minuten braten.
- Salz, Kartoffeln und Erbsen hinzufügen. Gut vermischen und zerdrücken. Zur Seite legen.
- Machen Sie aus den Teigzutaten Teigkegel, wie im Kartoffel-Samosa-Rezept
- Füllen Sie jeden Kegel mit 1 Esslöffel Kartoffel-Erbsen-Mischung und verschließen Sie die Ränder.
- Das Öl in einer Pfanne erhitzen und die Zapfen goldbraun braten.
- Abgießen und heiß mit Ketchup oder Minz-Chutney servieren

Gehackte Brötchen

Ergibt 12

Zutaten

500 g gehacktes Lammfleisch

2 grüne Chilischoten, fein gehackt

2,5 cm Ingwerwurzel, fein gehackt

2 Knoblauchzehen, fein gehackt

1 Teelöffel Garam Masala

1 große Zwiebel, fein gehackt

25 g/ein paar Korianderblätter, gehackt

1 geschlagenes Ei

Salz nach Geschmack

50 g Semmelbrösel

Raffiniertes Pflanzenöl zum flachen Braten

Methode

- Alle Zutaten außer Semmelbröseln und Öl vermischen. Teilen Sie die Mischung in 12 zylindrische Portionen. Semmelbrösel einrollen. Zur Seite legen.
- Das Öl in einer Pfanne erhitzen. Die Brötchen bei schwacher Hitze von allen Seiten goldbraun braten.
- Heiß mit grünem Kokosnuss-Chutney servieren

Golli-Kebab

(Gemüserollen)

Ergibt 12

Zutaten

1 große Karotte, fein gehackt

50 g grüne Bohnen, gehackt

50 g Kohl, fein gehackt

1 kleine Zwiebel, gerieben

1 Teelöffel Knoblauchpaste

2 grüne Chilischoten

Salz nach Geschmack

½ Teelöffel Puderzucker

½ Teelöffel Amchoor*

50 g Semmelbrösel

125g/4½oz Besan*

Raffiniertes Pflanzenöl zum Braten

Methode

- Alle Zutaten außer dem Öl vermischen. Zu 12 Zylindern formen.
- Das Öl in einer Pfanne erhitzen. Die Zylinder goldbraun braten.
- Heiß mit Ketchup servieren.

Mathis

(Gebratenes herzhaftes)

Macht 25

Zutaten

350 g/12 Unzen einfaches Weißmehl

200 ml lauwarmes Wasser

1 Esslöffel Ghee

1 Teelöffel Ajowansamen

1 Esslöffel Ghee

Salz nach Geschmack

Raffiniertes Pflanzenöl zum Braten

Methode

- Alle Zutaten außer dem Öl vermischen. Zu einem weichen Teig kneten.
- Den Teig in 25 Portionen teilen. Jede Portion zu einer Scheibe mit 5 cm Durchmesser ausrollen. Die Scheiben mit einer Gabel einstechen und 30 Minuten ruhen lassen.
- Das Öl in einem Topf erhitzen. Frittieren Sie die Scheiben, bis sie hellgoldbraun werden.
- Auf Papiertüchern abtropfen lassen. Abkühlen lassen und in einem luftdichten Behälter aufbewahren.

Poha Pakoda

Für 4 Personen

Zutaten

100 g Poha*

500 ml Wasser

125 g Erdnüsse, grob zerstoßen

½ Teelöffel Ingwerpaste

½ Teelöffel Knoblauchpaste

2 Teelöffel Zitronensaft

1 Teelöffel Zucker

1 TL gemahlener Koriander

½ Teelöffel gemahlener Kreuzkümmel

10 g Korianderblätter, fein gehackt

Salz nach Geschmack

Raffiniertes Pflanzenöl zum Braten

Methode

- Den Poha 15 Minuten lang in Wasser einweichen. Abgießen und mit allen restlichen Zutaten außer dem Öl vermengen. Zu walnussgroßen Kugeln formen.
- Das Öl in einer Pfanne erhitzen. Die Poha-Bällchen bei mittlerer Hitze goldbraun braten.
- Auf Papiertüchern abtropfen lassen. Heiß mit Minz-Chutney servieren

Hariyali Murgh Tikka

(Grünes Chicken Tikka)

Für 4 Personen

Zutaten

650 g Hähnchen ohne Knochen, in 5 cm große Stücke geschnitten

Raffiniertes Pflanzenöl zum Bürsten

Für die Marinade:

Salz nach Geschmack

Joghurt 125g/4½oz

1 Esslöffel Ingwerpaste

1 Esslöffel Knoblauchpaste

25 g/ein paar Minzblätter, gemahlen

25 g/einige 1 Unze Korianderblätter, gemahlen

50 g Spinat, gemahlen

2 Esslöffel Garam Masala

3 Esslöffel Zitronensaft

Methode

- Die Zutaten der Marinade miteinander vermischen. Marinieren Sie das Huhn mit dieser Mischung 5–6 Stunden lang im Kühlschrank. Mindestens eine Stunde vor dem Garen aus dem Kühlschrank nehmen.
- Die Hähnchenstücke am Spieß oder in einer mit Öl beträufelten Grillpfanne grillen. Kochen, bis das Hähnchen von allen Seiten braun wird. Heiß servieren.

Boti-Kebab

(Lamm-Kebab-Häppchen)

Gib 20

Zutaten

500 g Lammfleisch ohne Knochen, in kleine Stücke geschnitten

1 Teelöffel Ingwerpaste

2 Teelöffel Knoblauchpaste

2 Teelöffel grüne Chilischoten

½ Esslöffel gemahlener Koriander

½ Esslöffel gemahlener Kreuzkümmel

TL Kurkuma

1 Teelöffel Chilipulver

TL Garam Masala

Saft von 1 Zitrone

Salz nach Geschmack

Methode

- Alle Zutaten gut vermischen und 3 Stunden ruhen lassen.
- Die Lammstücke aufspießen. Auf dem Holzkohlegrill 20 Minuten goldbraun garen. Heiß servieren.

Plaudern

(Herzhafter Kartoffelsnack)

Für 4 Personen

Zutaten

Raffiniertes Pflanzenöl zum Braten

4 mittelgroße Kartoffeln, gekocht, geschält und in 2,5 cm große Stücke geschnitten

½ Teelöffel Chilipulver

Salz nach Geschmack

1 Teelöffel gemahlener Kreuzkümmel, trocken geröstet

1½ Teelöffel Chaat Masala*

1 TL Zitronensaft

2 Esslöffel scharfes, süßes Mango-Chutney

1 Esslöffel Minz-Chutney

10 g Korianderblätter, gehackt

1 große Zwiebel, fein gehackt

Methode

- Das Öl in einer Pfanne erhitzen. Die Kartoffeln bei mittlerer Hitze von allen Seiten goldbraun braten. Auf Papiertüchern abtropfen lassen.
- In einer Schüssel die Kartoffeln mit Chilipulver, Salz, gemahlenem Kreuzkümmel, Chaat Masala, Zitronensaft, scharfem und süßem Mango-Chutney und Minz-Chutney vermischen. Mit Korianderblättern und Zwiebeln garnieren. Sofort servieren.

Kokos-Dosa

(Kokos-Reis-Pfannkuchen)

Ergibt 10-12

Zutaten

250 g Reis, 4 Stunden eingeweicht

100 g Poha*15 Minuten eingeweicht

100 g gedämpfter Reis

50 g frische Kokosnuss, gerieben

50 g gehackte Korianderblätter

Salz nach Geschmack

12 Teelöffel raffiniertes Pflanzenöl

Methode

- Alle Zutaten außer dem Öl zu einer dicken Paste vermahlen.
- Eine flache Pfanne einfetten und erhitzen. Geben Sie einen Löffel Teig hinein und verteilen Sie ihn mit der Rückseite eines Löffels, sodass ein dünner Pfannkuchen entsteht. Geben Sie einen Teelöffel Öl darauf. Knusprig kochen. Für den Rest des Teigs wiederholen.
- Heiß mit Kokos-Chutney servieren

Trockenfruchtpfannkuchen

Gib 8

Zutaten

50 g gemischte Trockenfrüchte, fein gehackt

2 Esslöffel scharfes, süßes Mango-Chutney

4 große Kartoffeln, gekocht und püriert

2 grüne Chilischoten, fein gehackt

1 Esslöffel Maisstärke

Salz nach Geschmack

Raffiniertes Pflanzenöl zum Braten

Methode

- Mischen Sie die Trockenfrüchte mit dem scharf-süßen Mango-Chutney. Zur Seite legen.
- Kartoffeln, grüne Paprika, Maisstärke und Salz mischen.
- Teilen Sie die Mischung in 8 zitronengroße Kugeln. Glätten Sie sie, indem Sie sie sanft zwischen Ihren Handflächen drücken.
- Jeweils etwas Trockenfruchtmischung in die Mitte geben und wie einen Beutel verschließen. Nochmals flach drücken, sodass Fladen entstehen.

- Das Öl in einer Pfanne erhitzen. Die Patties dazugeben und bei mittlerer Hitze von allen Seiten goldbraun braten. Heiß servieren.

Gekochter Reis-Dosa

Ergibt 10-12

Zutaten

100 g gedämpfter Reis

250g/9oz Besan*

3-4 grüne Chilis, fein gehackt

1 Zwiebel, fein gehackt

50 g gehackte Korianderblätter

8 Curryblätter, fein gehackt

Eine Prise Asafoetida

3 Esslöffel Joghurt

Salz nach Geschmack

150 ml Wasser

12 Teelöffel raffiniertes Pflanzenöl

Methode

- Alle Zutaten miteinander vermischen. Leicht zerdrücken und etwas Wasser hinzufügen, bis eine dicke Paste entsteht.
- Eine flache Pfanne einfetten und erhitzen. Einen Löffel Teig darüber geben und zu einem dünnen Pfannkuchen verstreichen. Gießen Sie einen Teelöffel Öl darum herum. Knusprig kochen. Für den Rest des Teigs wiederholen.
- Heiß mit Kokos-Chutney servieren

Unreife Bananenpfannkuchen

Gib 10

Zutaten

6 unreife Bananen, gekocht und zerdrückt

3 grüne Chilischoten, fein gehackt

1 kleine Zwiebel, fein gehackt

TL Kurkuma

1 Esslöffel Maisstärke

1 TL gemahlener Koriander

1 Teelöffel gemahlener Kreuzkümmel

1 TL Zitronensaft

½ Teelöffel Ingwerpaste

½ Teelöffel Knoblauchpaste

Salz nach Geschmack

Raffiniertes Pflanzenöl zum flachen Braten

Methode

- Alle Zutaten außer dem Öl vermischen. Gut durchkneten.
- In 10 gleich große Kugeln teilen. Zu Pastetchen flach drücken.
- Das Öl in einer Pfanne erhitzen. Fügen Sie jeweils ein paar Pastetchen hinzu und braten Sie sie von allen Seiten goldbraun an.
- Heiß mit Ketchup oder Minz-Chutney servieren

Sooji Vada

(Gebratener Grießsnack)

Ergibt 25-30

Zutaten

200 g Grieß

Joghurt 250g/9oz

1 große Zwiebel, gehackt

2,5 cm Ingwerwurzel, gerieben

8 Curryblätter

4 grüne Chilis, fein gehackt

½ frische Kokosnuss, gemahlen

Salz nach Geschmack

Raffiniertes Pflanzenöl zum Braten

Methode

- Alle Zutaten außer dem Öl zu einer dicken Paste vermischen. Zur Seite legen.
- Das Öl in einer Pfanne erhitzen. Vorsichtig löffelweise Teig dazugeben und bei mittlerer Hitze goldbraun braten.
- Auf Papiertüchern abtropfen lassen. Heiß mit Minz-Chutney servieren

Süße und saure herzhafte Häppchen

Gib 20

Zutaten

2 Esslöffel raffiniertes Pflanzenöl

1 TL Senfkörner

1 TL Sesamkörner

7-8 Curryblätter

2 Esslöffel Korianderblätter, fein gehackt

Für die Muthias:

200 g gedämpfter Reis

50 g Kohl, gerieben

1 mittelgroße Karotte, gerieben

125 g gefrorene Erbsen, aufgetaut und zerkleinert

4 grüne Chilis, fein gehackt

1 Teelöffel Ingwerpaste

1 Teelöffel Knoblauchpaste

2 Esslöffel Puderzucker

2 Esslöffel Zitronensaft

Prise Kurkuma

1 Teelöffel Garam Masala

3 Esslöffel Tomatensauce

Salz nach Geschmack

Methode

- Alle Muthia-Zutaten in einer Schüssel vermischen. Gut durchkneten.
- Geben Sie diese Mischung in eine gefettete runde Kuchenform mit 20 cm Durchmesser und verteilen Sie sie gleichmäßig.
- Legen Sie die Form in einen Dampfgarer und dämpfen Sie sie 15 bis 20 Minuten lang. 15 Minuten abkühlen lassen. In rautenförmige Stücke schneiden. Zur Seite legen.
- Das Öl in einem Topf erhitzen. Senfkörner, Sesamkörner und Curryblätter hinzufügen. Lassen Sie sie 15 Sekunden lang spucken.
- Gießen Sie es direkt über die Muthias. Mit Koriander garnieren und heiß servieren.

Garnelenfrikadellen

Für 4 Personen

Zutaten

2 Esslöffel raffiniertes Pflanzenöl plus zum Braten

1 Zwiebel, fein gehackt

2,5 cm Ingwerwurzel, fein gehackt

2 Knoblauchzehen, fein gehackt

250 g rosa Garnelen, gereinigt und entdarmt

1 Teelöffel Garam Masala

Salz nach Geschmack

1 TL Zitronensaft

2 Esslöffel gehackte Korianderblätter

5 große Kartoffeln, gekocht und püriert

100 g Semmelbrösel

Methode

- 2 Esslöffel Öl in einer Pfanne erhitzen. Die Zwiebel dazugeben und glasig dünsten.
- Ingwer und Knoblauch dazugeben und bei mittlerer Hitze eine Minute anbraten.
- Garnelen, Garam Masala und Salz hinzufügen. 5-7 Minuten kochen lassen.
- Zitronensaft und Korianderblätter hinzufügen. Gut vermischen und beiseite stellen.
- Die Kartoffeln salzen und zu Patties formen. Auf jedes Patty etwas Garnelenmischung geben. In Tüten verschließen und flach drücken. Zur Seite legen.
- Das Öl in einem Topf erhitzen. Die Patties in Semmelbröseln wälzen und goldbraun braten. Heiß servieren.

Reshmi-Kebab

(Hühnerkebab in cremiger Marinade)

Ergibt 10-12

Zutaten

250 ml/8 fl oz Sauerrahm

1 Teelöffel Ingwerpaste

1 Teelöffel Knoblauchpaste

1 Teelöffel Salz

1 geschlagenes Ei

120 ml Doppelrahm

500 g Hähnchen ohne Knochen, gehackt

Methode

- Sauerrahm, Ingwerpaste und Knoblauchpaste vermischen. Salz, Ei und Sahne hinzufügen, bis eine dicke Paste entsteht.
- Marinieren Sie das Huhn mit dieser Mischung 2-3 Stunden lang.
- Die Stücke aufspießen und auf einem Holzkohlegrill hellbraun garen.
- Heiß servieren.

Gebrochener Weizengenuss

Gibt 15

Zutaten

250 g/9 Unzen gebrochener Weizen, leicht geröstet

150 g Mung Dhal*

300 ml Wasser

125 g gefrorene Erbsen

60 g geriebene Karotten

1 Esslöffel geröstete Erdnüsse

1 Esslöffel Tamarindenpaste

1 Teelöffel Garam Masala

1 Teelöffel Chilipulver

TL Kurkuma

1 Teelöffel Salz

1 Esslöffel gehackte Korianderblätter

Methode

- Den geschroteten Weizen und das Mung Dhal 2-3 Stunden lang in Wasser einweichen.
- Die restlichen Zutaten außer den Korianderblättern hinzufügen und gut vermischen.
- Gießen Sie die Mischung in eine runde Kuchenform mit 20 cm Durchmesser. 10 Minuten dämpfen.
- Abkühlen lassen und in Stücke schneiden. Mit Koriander garnieren. Mit grünem Kokosnuss-Chutney servieren

Methi Dhokla

(Gedämpfter Bockshornkleekuchen)

Ergibt 12

Zutaten

200 g Kurzkornreis

150 g Urad Dhal*

Salz nach Geschmack

25 g/ein paar Bockshornkleeblätter, gehackt

2 Teelöffel grüne Chilischoten

1 Esslöffel Sauerrahm

Raffiniertes Pflanzenöl zur Schmierung

Methode

- Reis und Dhal zusammen 6 Stunden einweichen.
- Zu einer dicken Paste zermahlen und 8 Stunden lang gären lassen.
- Die restlichen Zutaten hinzufügen. Gut vermischen und weitere 6-7 Stunden gären lassen.
- Eine runde Kuchenform (20 cm) mit Butter bestreichen. Den Teig in die Form füllen und 7 bis 10 Minuten dämpfen.
- Heiß mit süßem Chutney servieren.

Erbsenkuchen

Ergibt 12

Zutaten

2 Esslöffel raffiniertes Pflanzenöl und etwas mehr zum Braten

1 Teelöffel Kreuzkümmelsamen

600 g gekochte Erbsen, püriert

1½ Teelöffel Amchoor*

1½ Teelöffel gemahlener Koriander

Salz nach Geschmack

½ Teelöffel gemahlener schwarzer Pfeffer

6 Kartoffeln, gekocht und püriert

2 Scheiben Brot

Methode

- 2 Esslöffel Öl in einem Topf erhitzen. Die Kreuzkümmelsamen hinzufügen. Nach 15 Sekunden Erbsen, Amchoor und Koriander hinzufügen. 2 Minuten braten. Zur Seite legen.
- Den Kartoffeln Salz und Pfeffer hinzufügen. Zur Seite legen.
- Tauchen Sie die Brotscheiben in das Wasser. Drücken Sie überschüssiges Wasser heraus, indem Sie es zwischen Ihren Handflächen ausdrücken. Entfernen Sie die Krusten und geben Sie die Scheiben zur Kartoffelmischung. Gut mischen. Teilen Sie die Mischung in zitronengroße Kugeln.
- Jede Kugel flach drücken und einen Esslöffel der Erbsenmischung in die Mitte geben. Wie eine Tasche schließen und wieder flach drücken.
- Das Öl in einer Pfanne erhitzen. Die Patties goldbraun braten. Heiß servieren.

Nimki

(Knuspriges Mehldreieck)

Gib 20

Zutaten

500g/1lb 2oz Besan*

75 g Ghee

1 Teelöffel Salz

1 Teelöffel Kreuzkümmelsamen

1 Teelöffel Ajowansamen

200 ml Wasser

Salz nach Geschmack

Raffiniertes Pflanzenöl zum Braten

Methode

- Alle Zutaten außer dem Öl vermischen. Zu einem festen Teig kneten.
- Formen Sie Kugeln in der Größe einer Walnuss. In dünne Scheiben ausrollen. Halbieren und zu Dreiecken falten.
- Das Öl in einer Pfanne erhitzen. Die Dreiecke bei mittlerer Hitze goldbraun braten. Abkühlen lassen und in einem luftdichten Behälter bis zu 8 Tage aufbewahren.

Dahi Pakoda Chaat

(Gebratene Joghurt-Linsenknödel)

Für 4 Personen

Zutaten

200 g Mung Dhal*

200 g Urad Dhal*

1 cm/½ in Ingwerwurzel, gehackt

3 Esslöffel gehackte Korianderblätter

Salz nach Geschmack

Raffiniertes Pflanzenöl zum Braten

125 g süßes Tomatenchutney

125 g Minz-Chutney

175 g Joghurt, geschlagen

½ Teelöffel schwarzes Salz

1 Esslöffel gemahlener Kreuzkümmel, trocken geröstet

3 Esslöffel Bombay-Mischung*

Methode

- Die Dhals zusammen 4–5 Stunden einweichen. Abgießen und Ingwer, 2 Esslöffel Korianderblätter und

Salz hinzufügen. Zu einer groben Paste zermahlen. Zur Seite legen.

- Das Öl in einem Topf erhitzen. Wenn es anfängt zu rauchen, fügen Sie einen Löffel Paste hinzu. Goldbraun braten. Auf Papiertüchern abtropfen lassen.
- Die frittierten Pakodas in einer Servierschüssel anrichten. Streuen Sie das Minz-Chutney, das süße Tomaten-Chutney und den Joghurt über die Pakodas. Mit den restlichen Zutaten bestreuen. Sofort servieren.

Gebratene Fischpaste

Für 4 Personen

Zutaten

1 kg Seeteufel, ohne Haut und filetiert

½ Teelöffel Kurkuma

Salz nach Geschmack

125g/4½oz Besan*

3 Esslöffel Semmelbrösel

½ Teelöffel Chilipulver

½ Teelöffel gemahlener schwarzer Pfeffer

1 grüne Chilischote, gehackt

1 Teelöffel Ajowansamen

3 Esslöffel gehackte Korianderblätter

500 ml Wasser

Raffiniertes Pflanzenöl zum Braten

Methode

- Den Fisch mit Kurkuma und Salz 30 Minuten marinieren.

- Die restlichen Zutaten, bis auf das Öl, zu einer Paste verrühren.

- Öl in einer Pfanne erhitzen. Den marinierten Fisch in den Teig tauchen und bei mittlerer Hitze goldbraun braten.

- Auf saugfähigem Papier abtropfen lassen und heiß servieren.

Fisch-Caldine

(Fisch nach Goa-Art)

Für 4 Personen

Zutaten

3 Esslöffel raffiniertes Pflanzenöl

3 große Zwiebeln, in dünne Scheiben geschnitten

6 grüne Chilischoten, der Länge nach geschnitten

750 g/1 Pfund 10 Unzen filetierter Wolfsbarsch, gehackt

1 Teelöffel gemahlener Kreuzkümmel

1 Teelöffel Kurkuma

1 Teelöffel Ingwerpaste

1 Teelöffel Knoblauchpaste

360 ml Kokosmilch

2 Teelöffel Tamarindenpaste

Salz nach Geschmack

Methode

- Das Öl in einem Topf erhitzen. Die Zwiebeln dazugeben und bei schwacher Hitze anbraten, bis sie braun sind.

- Grüne Chilis, Fisch, gemahlenen Kreuzkümmel, Kurkuma, Ingwerpaste, Knoblauchpaste und Kokosmilch hinzufügen. Gut vermischen und 10 Minuten köcheln lassen.

- Tamarindenpaste und Salz hinzufügen. Gut vermischen und 15 Minuten köcheln lassen. Heiß servieren.

Garnelen-Ei-Curry

Für 4 Personen

Zutaten

3 Esslöffel raffiniertes Pflanzenöl

2 Nelken

2,5 cm/1 Zoll Zimt

6 schwarze Pfefferkörner

2 Lorbeerblätter

1 große Zwiebel, fein gehackt

½ Teelöffel Kurkuma

1 Teelöffel Ingwerpaste

1 Teelöffel Knoblauchpaste

1 Teelöffel Garam Masala

12 große Garnelen, geschält und entdarmt

Salz nach Geschmack

200 g Tomatenpüree

120 ml Wasser

4 hartgekochte Eier, der Länge nach halbiert

Methode

- Das Öl in einem Topf erhitzen. Nelken, Zimt, Pfefferkörner und Lorbeerblätter hinzufügen. Lassen Sie sie 15 Sekunden lang spucken.

- Die restlichen Zutaten außer Tomatenpüree, Wasser und Eiern hinzufügen. Bei mittlerer Hitze 6–7 Minuten anbraten. Tomatenpüree und Wasser hinzufügen. 10-12 Minuten köcheln lassen.

- Die Eier vorsichtig hinzufügen. 4-5 Minuten köcheln lassen. Heiß servieren.

Maulwurfsfisch

(Fisch gekocht in Basic Simple Curry)

Für 4 Personen

Zutaten

2 Esslöffel Ghee

1 kleine Zwiebel, fein gehackt

4 Knoblauchzehen, in dünne Scheiben geschnitten

1 Zoll Ingwerwurzel, in dünne Scheiben geschnitten

6 grüne Chilischoten, der Länge nach geschnitten

1 Teelöffel Kurkuma

Salz nach Geschmack

750 ml/1¼ Pints Kokosmilch

1 kg Wolfsbarsch, ohne Haut und filetiert

Methode

- Das Ghee in einem Topf erhitzen. Zwiebel, Knoblauch, Ingwer und Chilischoten hinzufügen. Bei schwacher Hitze 2 Minuten anbraten. Kurkuma hinzufügen. 3-4 Minuten kochen lassen.

- Salz, Kokosmilch und Fisch hinzufügen. Gut vermischen und 15–20 Minuten köcheln lassen. Heiß servieren.

Garnelen Bharta

(Garnelen gekocht in einer klassischen indischen Sauce)

Für 4 Personen

Zutaten

100 ml Senföl

1 Teelöffel Kreuzkümmelsamen

1 große Zwiebel, gerieben

1 Teelöffel Kurkuma

1 Teelöffel Garam Masala

2 Teelöffel Ingwerpaste

2 Teelöffel Knoblauchpaste

2 Tomaten, fein gehackt

3 grüne Chilischoten, der Länge nach geschnitten

750 g 10 oz Garnelen, geschält und entdarmt

250 ml Wasser

Salz nach Geschmack

Methode

- Das Öl in einem Topf erhitzen. Die Kreuzkümmelsamen hinzufügen. Lassen Sie sie 15 Sekunden lang spucken. Die Zwiebel dazugeben und bei mittlerer Hitze anbraten, bis sie braun ist.

- Alle restlichen Zutaten hinzufügen. 15 Minuten köcheln lassen und heiß servieren.

Würziger Fisch und Gemüse

Für 4 Personen

Zutaten

2 Esslöffel Senföl

500 g/1 lb 2 oz Zitronenzunge, geschält und filetiert

TL Senfkörner

TL Fenchelsamen

TL Bockshornkleesamen

TL Kreuzkümmel

2 Lorbeerblätter

½ Teelöffel Kurkuma

2 getrocknete rote Paprika, halbiert

1 große Zwiebel, in dünne Scheiben geschnitten

200 g gefrorenes gemischtes Gemüse

360 ml Wasser

Salz nach Geschmack

Methode

- Das Öl in einem Topf erhitzen. Den Fisch dazugeben und bei mittlerer Hitze goldbraun braten. Zurückkehren und wiederholen. Abgießen und aufbewahren.

- Zum gleichen Öl Senf, Fenchel, Bockshornklee- und Kreuzkümmelsamen, Lorbeerblätter, Kurkuma und rote Chilischoten hinzufügen. 30 Sekunden braten.

- Fügen Sie die Zwiebel hinzu. Bei mittlerer Hitze 1 Minute anbraten. Die restlichen Zutaten und den gebratenen Fisch hinzufügen. 30 Minuten köcheln lassen und heiß servieren.

Makrelenschnitzel

Für 4 Personen

Zutaten

4 große Makrelen, geputzt

Salz nach Geschmack

½ Teelöffel Kurkuma

2 Teelöffel Malzessig

250 ml Wasser

1 Esslöffel raffiniertes Pflanzenöl, plus etwas mehr zum flachen Braten

2 große Zwiebeln, fein gehackt

1 Teelöffel Ingwerpaste

1 Teelöffel Knoblauchpaste

1 Tomate, fein gehackt

1 Teelöffel gemahlener schwarzer Pfeffer

1 geschlagenes Ei

10 g Korianderblätter, gehackt

3 Scheiben Brot, eingeweicht und gepresst

60 g Reismehl

Methode

- Die Makrele in einem Topf mit Salz, Kurkuma, Essig und Wasser bei mittlerer Hitze 15 Minuten kochen. Ausbeinen und zerdrücken. Zur Seite legen.

- 1 Esslöffel Öl in einem Topf erhitzen. Die Zwiebeln bei schwacher Hitze anbraten, bis sie braun sind.

- Ingwerpaste, Knoblauchpaste und Tomate hinzufügen. 4–5 Minuten anbraten.

- Pfeffer und Salz hinzufügen und vom Herd nehmen. Mit Fischpüree, Ei, Korianderblättern und Brot vermischen. Kneten und zu 8 Koteletts formen.

- Das Öl in einer Pfanne erhitzen. Die Schnitzel in Reismehl wälzen und bei mittlerer Hitze 4-5 Minuten braten. Zurückkehren und wiederholen. Heiß servieren.

Tandoori-Krabbe

Für 4 Personen

Zutaten

2 Teelöffel Ingwerpaste

2 Teelöffel Knoblauchpaste

2 Teelöffel Garam Masala

1 Esslöffel Zitronensaft

Griechischer Joghurt 125g/4½oz

Salz nach Geschmack

4 Krabben, gereinigt

1 Esslöffel raffiniertes Pflanzenöl

Methode

- Alle Zutaten außer den Krabben und dem Öl vermischen. Marinieren Sie die Krabben mit dieser Mischung 3–4 Stunden lang.
- Die marinierten Krabben mit Öl bestreichen. 10-15 Minuten grillen. Heiß servieren.

Gefüllter Fisch

Für 4 Personen

Zutaten

2 Esslöffel raffiniertes Pflanzenöl, plus etwas mehr zum flachen Braten

1 große Zwiebel, fein geschnitten

1 große Tomate, fein gehackt

1 Teelöffel Ingwerpaste

1 Teelöffel Knoblauchpaste

1 TL gemahlener Koriander

1 Teelöffel gemahlener Kreuzkümmel

Salz nach Geschmack

1 Teelöffel Kurkuma

2 Esslöffel Malzessig

1 kg Lachs, auf Bauchhöhe geteilt

25 g/Stück 1 Unze Semmelbrösel

Methode

- 2 Esslöffel Öl in einem Topf erhitzen. Die Zwiebel dazugeben und bei schwacher Hitze anbraten, bis sie braun ist. Die restlichen Zutaten außer Essig, Fisch und Semmelbröseln hinzufügen. 5 Minuten anbraten.
- Den Essig hinzufügen. 5 Minuten köcheln lassen. Den Fisch mit der Mischung füllen.
- Restliches Öl in einer Bratpfanne erhitzen. Den Fisch in Semmelbröseln wälzen und bei mittlerer Hitze goldbraun braten. Zurückkehren und wiederholen. Heiß servieren.

Garnelen-Blumenkohl-Curry

Für 4 Personen

Zutaten

10 Esslöffel raffiniertes Pflanzenöl

1 große Zwiebel, fein gehackt

TL Kurkuma

250 g geschälte und entdarmte rosa Garnelen

200 g Blumenkohlröschen

Salz nach Geschmack

Für die Gewürzmischung:

1 Esslöffel Koriandersamen

1 Esslöffel Garam Masala

5 rote Paprika

2,5 cm Ingwerwurzel

8 Knoblauchzehen

60 g frische Kokosnuss

Methode

- Die Hälfte des Öls in einer Bratpfanne erhitzen. Die Zutaten der Gewürzmischung hinzufügen und bei mittlerer Hitze 5 Minuten anbraten. Zu einer dicken Paste zermahlen. Zur Seite legen.
- Restliches Öl in einem Topf erhitzen. Die Zwiebel bei mittlerer Hitze glasig dünsten. Alle restlichen Zutaten und Gewürzpaste hinzufügen.
- 15–20 Minuten köcheln lassen, dabei gelegentlich umrühren. Heiß servieren.

Sautierte Muscheln

Für 4 Personen

Zutaten

500 g Muscheln, gereinigt

6 Esslöffel raffiniertes Pflanzenöl

2 große Zwiebeln, fein gehackt

1 Teelöffel Kurkuma

1 Teelöffel Garam Masala

2 Teelöffel Ingwerpaste

2 Teelöffel Knoblauchpaste

10 g Korianderblätter, gehackt

6 Kokums*

Salz nach Geschmack

250 ml Wasser

Methode

- Die Muscheln 25 Minuten dämpfen. Zur Seite legen.
- Das Öl in einem Topf erhitzen. Die Zwiebeln bei schwacher Hitze anbraten, bis sie braun sind.
- Die restlichen Zutaten außer dem Wasser hinzufügen. 5 bis 6 Minuten anbraten.
- Die gedünsteten Muscheln und das Wasser hinzufügen. Mit einem Deckel abdecken und 10 Minuten köcheln lassen. Heiß servieren.

Gebratene Garnelen

Für 4 Personen

Zutaten

250 g geschälte Garnelen

250g/9oz Besan*

2 grüne Chilischoten, fein gehackt

1 Teelöffel Chilipulver

1 Teelöffel Kurkuma

1 TL gemahlener Koriander

1 Teelöffel gemahlener Kreuzkümmel

½ Teelöffel Amchoor*

1 kleine Zwiebel, gerieben

TL Backpulver

Salz nach Geschmack

Raffiniertes Pflanzenöl zum Braten

Methode

- Alle Zutaten außer dem Öl mit so viel Wasser vermischen, dass eine dicke Paste entsteht.
- Öl in einer Pfanne erhitzen. Ein paar Löffel Teig hineingeben und bei mittlerer Hitze von allen Seiten goldbraun braten.
- Für den Rest des Teigs wiederholen. Heiß servieren.

Makrele in Tomatensauce

Für 4 Personen

Zutaten

1 Esslöffel raffiniertes Pflanzenöl

2 große Zwiebeln, fein gehackt

2 Tomaten, fein gehackt

1 Esslöffel Ingwerpaste

1 Esslöffel Knoblauchpaste

1 Teelöffel Chilipulver

½ Teelöffel Kurkuma

8 trockenes Kokum*

2 grüne Chilischoten, in Scheiben geschnitten

Salz nach Geschmack

4 große Makrelen, geschält und filetiert

120 ml Wasser

Methode

- Das Öl in einem Topf erhitzen. Die Zwiebeln bei mittlerer Hitze anbraten, bis sie braun werden. Alle restlichen Zutaten außer Fisch und Wasser hinzufügen. Gut vermischen und 5-6 Minuten anbraten.
- Den Fisch und das Wasser hinzufügen. Gut mischen. 15 Minuten köcheln lassen und heiß servieren.

Konju Ullaruathu

(Scampis in rotem Masala)

Für 4 Personen

Zutaten

120 ml raffiniertes Pflanzenöl

1 große Zwiebel, fein gehackt

5 cm Ingwerwurzel, in dünne Scheiben geschnitten

12 Knoblauchzehen, in dünne Scheiben geschnitten

2 Esslöffel grüne Chilis, fein gehackt

8 Curryblätter

2 Tomaten, fein gehackt

1 Teelöffel Kurkuma

2 Teelöffel gemahlener Koriander

1 TL gemahlener Fenchel

600 g Langustinen, geschält und entdarmt

3 Teelöffel Chilipulver

Salz nach Geschmack

1 Teelöffel Garam Masala

Methode

- Das Öl in einem Topf erhitzen. Zwiebel, Ingwer, Knoblauch, grüne Chilis und Curryblätter hinzufügen und bei mittlerer Hitze 1–2 Minuten braten.
- Alle restlichen Zutaten außer Garam Masala hinzufügen. Gut vermischen und bei schwacher Hitze 15–20 Minuten kochen lassen.
- Mit Garam Masala bestreuen und heiß servieren.

Chemeen Manga Curry

(Curry-Garnelen mit unreifer Mango)

Für 4 Personen

Zutaten

200 g frische Kokosnuss, gerieben

1 Esslöffel Chilipulver

2 große Zwiebeln, in dünne Scheiben geschnitten

3 Esslöffel raffiniertes Pflanzenöl

2 grüne Chilis, gehackt

1 Zoll Ingwerwurzel, in dünne Scheiben geschnitten

Salz nach Geschmack

1 Teelöffel Kurkuma

1 kleine unreife Mango, gewürfelt

120 ml Wasser

750 g 10 oz Tigergarnelen, geschält und entdarmt

1 TL Senfkörner

10 Curryblätter

2 ganze rote Paprika

4-5 Schalotten, in Scheiben geschnitten

Methode

- Kokosnuss, Chilipulver und die Hälfte der Zwiebeln vermahlen. Zur Seite legen.
- Die Hälfte des Öls in einem Topf erhitzen. Die restlichen Zwiebeln mit grünen Chilis, Ingwer, Salz und Kurkuma bei schwacher Hitze 3-4 Minuten anbraten.
- Kokosnusspaste, unreife Mango und Wasser hinzufügen. 8 Minuten köcheln lassen.
- Fügen Sie die Garnelen hinzu. 10-12 Minuten köcheln lassen und beiseite stellen.
- Restliches Öl erhitzen. Senfkörner, Curryblätter, Chilis und Schalotten hinzufügen. Eine Minute braten. Diese Mischung zu den Garnelen geben und heiß servieren.

Einfache Machchi-Pommes

(Gebratener Fisch mit Gewürzen)

Für 4 Personen

Zutaten

8 Filets von festem Weißfisch, z. B. Kabeljau

TL Kurkuma

½ Teelöffel Chilipulver

1 TL Zitronensaft

250 ml raffiniertes Pflanzenöl

2 Esslöffel einfaches Weißmehl

Methode

- Den Fisch 1 Stunde lang mit Kurkuma, Chilipulver und Zitronensaft marinieren.
- Das Öl in einer Pfanne erhitzen. Den Fisch mit Mehl bestäuben und bei mittlerer Hitze 3-4 Minuten braten. Wenden und 2-3 Minuten braten. Heiß servieren.

Machher Kalia

(Fisch in kräftiger Soße)

Für 4 Personen

Zutaten

1 TL Koriandersamen

2 Teelöffel Kreuzkümmelsamen

1 Teelöffel Chilipulver

2,5 cm Ingwerwurzel, geschält

250 ml Wasser

120 ml raffiniertes Pflanzenöl

500 g/1 Pfund 2 Unzen Forellenfilets, ohne Haut

3 Lorbeerblätter

1 große Zwiebel, fein gehackt

4 Knoblauchzehen, fein gehackt

4 grüne Chilischoten, in Scheiben geschnitten

Salz nach Geschmack

1 Teelöffel Kurkuma

2 Esslöffel Joghurt

Methode

- Koriandersamen, Kreuzkümmelsamen, Chilipulver und Ingwer mit ausreichend Wasser zu einer dicken Paste vermahlen. Zur Seite legen.
- Das Öl in einem Topf erhitzen. Den Fisch dazugeben und bei mittlerer Hitze 3–4 Minuten anbraten. Zurückkehren und wiederholen. Abgießen und aufbewahren.
- Zum gleichen Öl Lorbeerblätter, Zwiebeln, Knoblauch und grüne Chilis hinzufügen. 2 Minuten braten. Die restlichen Zutaten, den gebratenen Fisch und den Teig hinzufügen. Gut vermischen und 15 Minuten köcheln lassen. Heiß servieren.

Gebratener Fisch im Ei

Für 4 Personen

Zutaten

500 g/1 lb 2 oz John Dory, ohne Haut und filetiert

Saft von 1 Zitrone

Salz nach Geschmack

2 Eier

1 Esslöffel einfaches Weißmehl

½ Teelöffel gemahlener schwarzer Pfeffer

1 Teelöffel Chilipulver

250 ml raffiniertes Pflanzenöl

100 g Semmelbrösel

Methode

- Den Fisch 4 Stunden lang mit Zitronensaft und Salz marinieren.
- Die Eier mit Mehl, Pfeffer und Chilipulver verquirlen.
- Das Öl in einer Pfanne erhitzen. Den marinierten Fisch in die Eimischung tauchen, in Semmelbröseln wälzen und bei schwacher Hitze goldbraun braten. Heiß servieren.

Lau Chingri

(Garnelen mit Kürbis)

Für 4 Personen

Zutaten

250 g geschälte Garnelen

500 g Kürbis, gewürfelt

2 Esslöffel Senföl

TL Kreuzkümmel

1 Lorbeerblatt

½ Teelöffel Kurkuma

1 Esslöffel gemahlener Koriander

TL Zucker

1 Esslöffel Milch

Salz nach Geschmack

Methode

- Garnelen und Kürbis 15 bis 20 Minuten dämpfen. Zur Seite legen.
- Das Öl in einem Topf erhitzen. Kreuzkümmel und Lorbeerblatt hinzufügen. 15 Sekunden braten. Kurkuma und gemahlenen Koriander hinzufügen. Bei mittlerer Hitze 2-3 Minuten braten. Zucker, Milch, Salz und gedünstete Garnelen und Kürbis hinzufügen. 10 Minuten köcheln lassen. Heiß servieren.

Fischtomate

Für 4 Personen

Zutaten

2 Esslöffel einfaches Weißmehl

1 Teelöffel gemahlener schwarzer Pfeffer

500 g/1 lb 2 oz Zitronenzunge, geschält und filetiert

3 Esslöffel Butter

2 Lorbeerblätter

1 kleine Zwiebel, gerieben

6 Knoblauchzehen, fein gehackt

2 Teelöffel Zitronensaft

6 Esslöffel Fischbrühe

150 g Tomatenpüree

Salz nach Geschmack

Methode

- Mehl und Pfeffer vermischen. Den Fisch in die Mischung geben.
- Die Butter in einer Pfanne erhitzen. Den Fisch bei mittlerer Hitze goldbraun anbraten. Abgießen und aufbewahren.
- In der gleichen Butter Lorbeerblätter, Zwiebeln und Knoblauch bei mittlerer Hitze 2-3 Minuten anbraten. Den gebratenen Fisch und alle restlichen Zutaten hinzufügen. Gut vermischen und 20 Minuten köcheln lassen. Heiß servieren.

Chingri Machher Kalia

(Reichhaltiges Garnelen-Curry)

Für 4 Personen

Zutaten

24 große Garnelen, geschält und entdarmt

½ Teelöffel Kurkuma

Salz nach Geschmack

250 ml Wasser

3 Esslöffel Senföl

2 große Zwiebeln, fein gerieben

6 getrocknete rote Paprika, gemahlen

2 Esslöffel Korianderblätter, fein gehackt

Methode

- Die Garnelen mit Kurkuma, Salz und Wasser in einem Topf bei mittlerer Hitze 20–25 Minuten kochen. Zur Seite legen. Werfen Sie das Wasser nicht weg.
- Das Öl in einem Topf erhitzen. Zwiebeln und rote Chilis dazugeben und bei mittlerer Hitze 2-3 Minuten anbraten.
- Die gekochten Garnelen und das zurückbehaltene Wasser hinzufügen. Gut vermischen und 20–25

Minuten köcheln lassen. Mit Korianderblättern dekorieren. Heiß servieren.

Fisch-Tikka-Kebab

Für 4 Personen

Zutaten

1 Esslöffel Malzessig

1 Esslöffel Joghurt

1 Teelöffel Ingwerpaste

1 Teelöffel Knoblauchpaste

2 grüne Chilischoten, fein gehackt

1 Teelöffel Garam Masala

1 Teelöffel gemahlener Kreuzkümmel

1 Teelöffel Chilipulver

Ein Schuss orangefarbene Lebensmittelfarbe

Salz nach Geschmack

675 g Seeteufel, ohne Haut und filetiert

Methode

- Alle Zutaten außer dem Fisch vermischen. Den Fisch mit dieser Mischung 3 Stunden lang marinieren.
- Den marinierten Fisch auf Spieße legen und 20 Minuten grillen. Heiß servieren.

Schnitzel Chingri Machher

(Garnelenkoteletts)

Für 4 Personen

Zutaten

12 Garnelen, geschält und entdarmt

Salz nach Geschmack

500 ml Wasser

4 grüne Chilis, fein gehackt

2 EL Knoblauchpaste

50 g gehackte Korianderblätter

1 Teelöffel gemahlener Kreuzkümmel

Prise Kurkuma

Raffiniertes Pflanzenöl zum Braten

1 geschlagenes Ei

4 Esslöffel Semmelbrösel

Methode

- Die Garnelen mit Salz und Wasser in einem Topf bei mittlerer Hitze 20 Minuten kochen. Abgießen und mit allen restlichen Zutaten außer Öl, Ei und Semmelbröseln zerstampfen.
- Teilen Sie die Mischung in 8 Portionen, rollen Sie sie zu Kugeln und drücken Sie sie zu Schnitzeln flach.
- Öl in einer Pfanne erhitzen. Die Schnitzel in das Ei tauchen, in Semmelbröseln wälzen und bei mittlerer Hitze goldbraun braten. Heiß servieren.

Gekochter Fisch

Für 4 Personen

Zutaten

500 g/1 lb 2 oz Zitronenzungen- oder Red Snapper-Filets, ohne Haut

Salz nach Geschmack

1 Teelöffel gemahlener schwarzer Pfeffer

¼ TL. 1 Teelöffel getrocknete rote Chilischoten, fein gehackt

2 große grüne Paprika, fein gehackt

2 Tomaten, in Scheiben geschnitten

1 große Zwiebel, in Scheiben geschnitten

Saft von 1 Zitrone

3 grüne Chilischoten, der Länge nach geschnitten

10 Knoblauchzehen, in dünne Scheiben geschnitten

1 Esslöffel Olivenöl

Methode

- Die Fischfilets in eine Auflaufform legen und mit Salz, Pfeffer und Chilischoten bestreuen.
- Verteilen Sie die restlichen Zutaten auf dieser Mischung.

- Decken Sie die Form ab und backen Sie sie 15 Minuten lang bei 200 °C (400 °F, Gasstufe 6). Aufdecken und 10 Minuten backen. Heiß servieren.

Garnelen mit grünen Paprika

Für 4 Personen

Zutaten

4 Esslöffel raffiniertes Pflanzenöl

2 große Zwiebeln, in dünne Scheiben geschnitten

5 cm Ingwerwurzel, in dünne Scheiben geschnitten

12 Knoblauchzehen, in dünne Scheiben geschnitten

4 grüne Chilischoten, der Länge nach geschnitten

½ Teelöffel Kurkuma

2 Tomaten, fein gehackt

500 g rosa Garnelen, geschält und entdarmt

3 grüne Paprika, entkernt und in Scheiben geschnitten

Salz nach Geschmack

1 Esslöffel gehackte Korianderblätter

Methode

- Das Öl in einem Topf erhitzen. Zwiebeln, Ingwer, Knoblauch und grüne Chilis hinzufügen. Bei schwacher Hitze 1-2 Minuten braten. Die restlichen Zutaten außer den Korianderblättern hinzufügen. Gut vermischen und 15 Minuten braten.
- Mit Korianderblättern dekorieren. Heiß servieren.

Machher Jhole

(Fisch in Soße)

Für 4 Personen

Zutaten

500 g 2 Unzen Forelle, ohne Haut und filetiert

1 Teelöffel Kurkuma

Salz nach Geschmack

4 Esslöffel Senföl

3 getrocknete rote Paprika

1 Teelöffel Garam Masala

1 große Zwiebel, gerieben

2 Teelöffel Ingwerpaste

1 TL gemahlener Senf

1 TL gemahlener Koriander

250 ml Wasser

1 Esslöffel gehackte Korianderblätter

Methode

- Den Fisch mit Kurkuma und Salz 30 Minuten marinieren.
- Das Öl in einer Pfanne erhitzen. Den marinierten Fisch bei mittlerer Hitze 2–3 Minuten anbraten. Zurückkehren und wiederholen. Zur Seite legen.
- Im gleichen Öl die Chilischoten und Garam Masala bei mittlerer Hitze 1 bis 2 Minuten anbraten. Die restlichen Zutaten außer den Korianderblättern hinzufügen. Gut vermischen und 10 Minuten köcheln lassen. Den Fisch dazugeben und gut vermischen.
- 10 Minuten köcheln lassen. Mit Korianderblättern bestreuen und heiß servieren.

Machher Paturi

(Gedünsteter Fisch in Bananenblättern)

Für 4 Personen

Zutaten

5 Esslöffel Senfkörner

5 grüne Chilis

1 Teelöffel Kurkuma

1 Teelöffel Chilipulver

1 Esslöffel Senföl

½ Teelöffel Fenchelsamen

2 Esslöffel Korianderblätter, fein gehackt

½ Teelöffel Zucker

Salz nach Geschmack

750 g/1 Pfund 10 Unzen Forelle, ohne Haut und filetiert

20 × 15 cm große Bananenblätter, gewaschen

Methode

- Alle Zutaten außer Fisch und Bananenblättern zu einer glatten Paste vermahlen. Den Fisch mit dieser Paste 30 Minuten marinieren.
- Wickeln Sie den Fisch in die Bananenblätter und dämpfen Sie ihn 20–25 Minuten lang. Vorsichtig auspacken und heiß servieren.

Chingri Machher Shorsher Jhole

(Garnelen-Senf-Curry)

Für 4 Personen

Zutaten

- 6 getrocknete rote Paprika
- ½ Teelöffel Kurkuma
- 3 Teelöffel Kreuzkümmelsamen
- 1 Esslöffel Senfkörner
- 12 Knoblauchzehen
- 2 große Zwiebeln
- Salz nach Geschmack
- 24 Garnelen, geschält und entdarmt
- 3 Esslöffel Senföl
- 500 ml Wasser

Methode

- Alle Zutaten außer Garnelen, Öl und Wasser zu einer glatten Paste vermahlen. Marinieren Sie die Garnelen 1 Stunde lang mit dieser Paste.
- Das Öl in einem Topf erhitzen. Die Garnelen dazugeben und bei mittlerer Hitze 4 bis 5 Minuten anbraten.
- Fügen Sie das Wasser hinzu. Gut vermischen und 20 Minuten köcheln lassen. Heiß servieren.

Garnelen-Kartoffel-Curry

Für 4 Personen

Zutaten

3 Esslöffel raffiniertes Pflanzenöl

2 große Zwiebeln, fein gehackt

3 Tomaten, fein gehackt

1 Teelöffel Knoblauchpaste

1 Teelöffel Chilipulver

½ Teelöffel Kurkuma

1 Teelöffel Garam Masala

250 g geschälte und entdarmte rosa Garnelen

2 große Kartoffeln, gewürfelt

250 ml heißes Wasser

1 TL Zitronensaft

10 g Korianderblätter, gehackt

Salz nach Geschmack

Methode

- Das Öl in einem Topf erhitzen. Die Zwiebeln bei schwacher Hitze anbraten, bis sie braun sind.
- Tomaten, Knoblauchpaste, Chilipulver, Kurkuma und Garam Masala hinzufügen. 4–5 Minuten anbraten. Die restlichen Zutaten hinzufügen. Gut mischen.
- 20 Minuten köcheln lassen und heiß servieren.

Garnelenmaulwurf

(Garnelen gekocht in einem einfachen Curry)

Für 4 Personen

Zutaten

- 3 Esslöffel raffiniertes Pflanzenöl
- 2 große Zwiebeln, fein gehackt
- 2,5 cm Ingwerwurzel, julieniert
- 8 Knoblauchzehen, gehackt
- 4 grüne Chilischoten, der Länge nach geschnitten
- 375 g Garnelen, geschält und entdarmt
- 3 Tomaten, fein gehackt
- 1 Teelöffel Kurkuma
- ½ Teelöffel Chilipulver
- Salz nach Geschmack
- 750 ml/1¼ Pints Kokosmilch

Methode

- Das Öl in einem Topf erhitzen. Zwiebeln, Ingwer, Knoblauch und grüne Chilis hinzufügen und bei mittlerer Hitze 1-2 Minuten braten.
- Garnelen, Tomaten, Kurkuma, Chilipulver und Salz hinzufügen. 5 bis 6 Minuten anbraten. Die Kokosmilch hinzufügen. Gut vermischen und 10-12 Minuten köcheln lassen. Heiß servieren.

Koliwada-Fisch

(Scharf gebratener Fisch)

Für 4 Personen

Zutaten

675 g Seeteufel, ohne Haut und filetiert

Salz nach Geschmack

1 TL Zitronensaft

250g/9oz Besan*

3 Esslöffel Mehl

1 Teelöffel Kurkuma

2 Teelöffel Chaat Masala*

1 Teelöffel Garam Masala

2 Esslöffel gehackte Korianderblätter

1 Esslöffel Malzessig

1 Teelöffel Chilipulver

4 Esslöffel Wasser

Raffiniertes Pflanzenöl zum Braten

Methode

- Den Fisch 2 Stunden lang mit Salz und Zitronensaft marinieren.
- Alle restlichen Zutaten außer dem Öl zu einer dicken Paste verrühren.
- Öl in einer Pfanne erhitzen. Den Fisch großzügig mit Teig bestreichen und bei mittlerer Hitze goldbraun braten. Abgießen und heiß servieren.

Fisch- und Kartoffelbrötchen

Für 4 Personen

Zutaten

675 g Zitronenzunge, geschält und filetiert

Salz nach Geschmack

TL Kurkuma

1 große Kartoffel, gekocht

2 Teelöffel Zitronensaft

2 Esslöffel Koriander, fein gehackt

2 kleine Zwiebeln, fein gehackt

1 Teelöffel Garam Masala

2-3 kleine grüne Paprika

½ Teelöffel Chilipulver

Raffiniertes Pflanzenöl zum Braten

2 Eier, geschlagen

6-7 Esslöffel Semmelbrösel

Methode

- Den Fisch 15 Minuten lang dämpfen.
- Abgießen und mit den restlichen Zutaten außer Öl, Eiern und Semmelbröseln vermischen. Kneten und in 8 Rollen mit einer Dicke von 6 cm teilen.
- Das Öl in einer Pfanne erhitzen. Die Brötchen in Ei tauchen, in Semmelbröseln wälzen und bei mittlerer Hitze goldbraun braten. Abgießen und heiß servieren.

Garnelen-Masala

Für 4 Personen

Zutaten

4 Esslöffel raffiniertes Pflanzenöl

3 Zwiebeln, 1 in Scheiben geschnitten und 2 gehackt

2 Teelöffel Koriandersamen

3 Nelken

2,5 cm/1 Zoll Zimt

5 Pfefferkörner

100 g frische Kokosnuss, gerieben

6 getrocknete rote Paprika

500 g rosa Garnelen, geschält und entdarmt

½ Teelöffel Kurkuma

250 ml Wasser

2 Teelöffel Tamarindenpaste

Salz nach Geschmack

Methode

- 1 Esslöffel Öl in einem Topf erhitzen. In Scheiben geschnittene Zwiebeln, Koriandersamen, Nelken, Zimt, Pfefferkörner, Kokosnuss und rote Chilischoten bei mittlerer Hitze 2-3 Minuten anbraten. Zu einer glatten Paste vermahlen. Zur Seite legen.
- Restliches Öl in einem Topf erhitzen. Die in Scheiben geschnittenen Zwiebeln dazugeben und bei mittlerer Hitze anbraten, bis sie braun sind. Garnelen, Kurkuma und Wasser hinzufügen. Gut vermischen und 5 Minuten köcheln lassen.
- Gemahlene Paste, Tamarindenpaste und Salz hinzufügen. 15 Minuten anbraten. Heiß servieren.

Knoblauchfisch

Für 4 Personen

Zutaten

500 g Schwertfisch, geschält und filetiert

Salz nach Geschmack

1 Teelöffel Kurkuma

1 Esslöffel raffiniertes Pflanzenöl

2 große Zwiebeln, fein gerieben

2 Teelöffel Knoblauchpaste

½ Teelöffel Ingwerpaste

1 TL gemahlener Koriander

125 g Tomatenpüree

Methode

- Den Fisch 30 Minuten mit Salz und Kurkuma marinieren.
- Das Öl in einem Topf erhitzen. Zwiebeln, Knoblauchpaste, Ingwerpaste und gemahlenen Koriander hinzufügen. Bei mittlerer Hitze 2 Minuten anbraten.
- Tomatenpüree und Fisch hinzufügen. 15–20 Minuten köcheln lassen. Heiß servieren.

Kartoffelreis

Für 4 Personen

Zutaten

150 g/5½ oz Ghee plus etwas zum Braten

1 große Zwiebel

2,5 cm Ingwerwurzel

6 Knoblauchzehen

125 g Joghurt, geschlagen

4 Esslöffel Milch

2 grüne Kardamomkapseln

2 Nelken

1 cm/½ in Zimt

250 g Basmatireis, 30 Minuten eingeweicht und abgetropft

Salz nach Geschmack

1 Liter/1¾ Pints Wasser

15 Cashewnüsse, gebraten

Für die Fleischbällchen:

3 große Kartoffeln, gekocht und püriert

125g/4½oz Besan*

½ Teelöffel Chilipulver

½ Teelöffel Kurkuma

1 Teelöffel Garam-Masala-Pulver

1 große Zwiebel, gerieben

Methode

- Alle Knödelzutaten miteinander vermischen. Teilen Sie die Mischung in kleine Kugeln.
- Ghee zum Braten in einer Pfanne erhitzen. Die Fleischbällchen dazugeben und bei mittlerer Hitze goldbraun braten. Lassen Sie sie abtropfen und legen Sie sie beiseite.
- Zwiebel, Ingwer und Knoblauch zu einer Paste zermahlen.
- 60 g Ghee in einem Topf erhitzen. Fügen Sie die Paste hinzu und braten Sie sie bei mittlerer Hitze, bis sie glasig wird.
- Joghurt, Milch und Kartoffelbällchen hinzufügen. Lassen Sie die Mischung 10–12 Minuten köcheln. Zur Seite legen.
- Restliches Ghee in einer anderen Pfanne erhitzen. Kardamom, Nelken, Zimt, Reis, Salz und Wasser hinzufügen. Mit einem Deckel abdecken und 15–20 Minuten köcheln lassen.
- Die Reis-Kartoffel-Mischung abwechselnd schichtweise in einer Auflaufform anrichten. Mit einer Schicht Reis abschließen. Mit Cashewnüssen garnieren.
- Den Kartoffelreis im Ofen bei 200 °C (400 °F, Gasstufe 6) 7–8 Minuten garen. Heiß servieren.

Gemüse-Pulao

Für 4 Personen

Zutaten

5 Esslöffel raffiniertes Pflanzenöl

2 Nelken

2 grüne Kardamomkapseln

4 Körner schwarzer Pfeffer

2,5 cm/1 Zoll Zimt

1 große Zwiebel, fein gehackt

1 Teelöffel Ingwerpaste

1 Teelöffel Knoblauchpaste

2 grüne Chilischoten, fein gehackt

1 Teelöffel Garam Masala

150 g gemischtes Gemüse (grüne Bohnen, Kartoffeln, Karotten usw.)

500 g Langkornreis, 30 Minuten eingeweicht und abgetropft

Salz nach Geschmack

600 ml/1 Pint heißes Wasser

Methode

- Das Öl in einem Topf erhitzen. Nelken, Kardamom, Pfefferkörner und Zimt hinzufügen. Lassen Sie sie 15 Sekunden lang spucken.
- Die Zwiebel dazugeben und bei mittlerer Hitze 2-3 Minuten anbraten, dabei gelegentlich umrühren.
- Ingwerpaste, Knoblauchpaste, grüne Chilis und Garam Masala hinzufügen. Gut mischen. Diese Mischung eine Minute lang braten.
- Gemüse und Reis hinzufügen. Das Pulao bei mittlerer Hitze 4 Minuten anbraten.
- Salz und Wasser hinzufügen. Gut mischen. Bei mittlerer Hitze eine Minute kochen lassen.
- Mit einem Deckel abdecken und 10-12 Minuten köcheln lassen. Heiß servieren.

Kachche Gosht ki Biryani

(Lamm Biryani)

Für 4-6 Personen

Zutaten

1 kg Lammfleisch, in 5 cm große Stücke geschnitten

1 Liter/1¾ Pints Wasser

Salz nach Geschmack

6 Nelken

5 cm Zimt

5 Kapseln grüner Kardamom

4 Lorbeerblätter

6 schwarze Pfefferkörner

750 g Basmatireis, 30 Minuten eingeweicht und abgetropft

150 g Ghee

Eine Prise Safran, aufgelöst in 1 Esslöffel Milch

5 große Zwiebeln, in Scheiben geschnitten und gebraten

Für die Marinade:

200 g Joghurt

1 Teelöffel Kurkuma

1 Teelöffel Chilipulver

1 Teelöffel Ingwerpaste

1 Teelöffel Knoblauchpaste

1 Teelöffel Salz

25 g/ein paar Korianderblätter, fein gehackt

25 g/ein paar Minzblätter, fein gehackt

Methode

- Alle Zutaten für die Marinade vermischen und die Lammstücke mit dieser Mischung 4 Stunden lang marinieren.
- In einem Topf das Wasser mit Salz, Nelken, Zimt, Kardamom, Lorbeerblättern und Pfefferkörnern vermischen. Bei mittlerer Hitze 5-6 Minuten kochen lassen.
- Den abgetropften Reis hinzufügen. 5-7 Minuten kochen lassen. Lassen Sie das überschüssige Wasser ab und stellen Sie den Reis beiseite.
- Gießen Sie das Ghee in eine große hitzebeständige Schüssel und legen Sie das marinierte Fleisch darauf. Den Reis schichtweise auf das Fleisch legen.
- Streuen Sie die Safranmilch und etwas Ghee auf die oberste Schicht.
- Die Pfanne mit Folie verschließen und mit einem Deckel abdecken.

- 40 Minuten köcheln lassen.
- Vom Herd nehmen und weitere 30 Minuten ruhen lassen.
- Das Biryani mit den Zwiebeln garnieren. Bei Zimmertemperatur servieren.

Achari Gosht ki Biryani

(Mariniertes Hammel-Biryani)

Für 4-6 Personen

Zutaten

4 mittelgroße Zwiebeln, fein gehackt

Joghurt 400g/14oz

2 Teelöffel Ingwerpaste

2 Teelöffel Knoblauchpaste

1 kg Hammelfleisch, in 5 cm große Stücke geschnitten

2 Teelöffel Kreuzkümmelsamen

2 TL Bockshornkleesamen

1 Teelöffel Zwiebelsamen

2 Teelöffel Senfkörner

10 grüne Chilischoten

6½ Esslöffel Ghee

50 g fein gehackte Minzblätter

100 g fein gehackte Korianderblätter

2 Tomaten, in Viertel geschnitten

750 g Basmatireis, 30 Minuten eingeweicht und abgetropft

Salz nach Geschmack

3 Nelken

2 Lorbeerblätter

5 cm Zimt

4 Körner schwarzer Pfeffer

Eine große Prise Safran, aufgelöst in 1 Esslöffel Milch

Methode

- Zwiebeln, Joghurt, Ingwerpaste und Knoblauchpaste vermischen. Marinieren Sie das Hammelfleisch mit dieser Mischung 30 Minuten lang.
- Kreuzkümmel, Bockshornklee, Zwiebel und Senfkörner zusammen trocken rösten. Zerstampfen Sie sie zu einer groben Mischung.
- Die grünen Chilischoten teilen und mit der zerkleinerten Mischung füllen. Zur Seite legen.
- 6 Esslöffel Ghee in einer Pfanne erhitzen. Fügen Sie das Hammelfleisch hinzu. Das Hammelfleisch bei mittlerer Hitze 20 Minuten anbraten. Stellen Sie sicher, dass alle Seiten der Hammelfleischstücke gleichmäßig gebräunt sind.
- Fügen Sie die gefüllten grünen Chilis hinzu. Weitere 10 Minuten weiterkochen.
- Minzblätter, Korianderblätter und Tomaten hinzufügen. 5 Minuten lang gut vermischen. Zur Seite legen.
- Den Reis mit Salz, Nelken, Lorbeerblättern, Zimt und Pfefferkörnern vermischen. Bringen Sie die Mischung zum Kochen. Zur Seite legen.

- Das restliche Ghee in eine Auflaufform füllen.
- Die gebratenen Hammelfleischstücke auf das Ghee legen. Den Parboiled-Reis in einer Schicht auf dem Hammelfleisch anrichten.
- Die Safranmilch über den Reis gießen.
- Die Form mit Folie verschließen und mit einem Deckel abdecken. Backen Sie die Biryani im auf 200 °C (400 °F, Gasstufe 6) vorgeheizten Ofen 8 bis 10 Minuten lang.
- Heiß servieren.

Yakhni Pulao

(Kaschmir Pulao)

Für 4 Personen

Zutaten

600 g Hammelfleisch, in 2,5 cm große Stücke geschnitten

2 Lorbeerblätter

10 schwarze Pfefferkörner

Salz nach Geschmack

1,7 Liter/3 Pints heißes Wasser

5 Esslöffel raffiniertes Pflanzenöl

4 Nelken

3 grüne Kardamomkapseln

2,5 cm/1 Zoll Zimt

1 Esslöffel Knoblauchpaste

1 Esslöffel Ingwerpaste

3 große Zwiebeln, fein gehackt

500 g Basmatireis, 30 Minuten eingeweicht und abgetropft

1 Teelöffel gemahlener Kreuzkümmel

2 Teelöffel gemahlener Koriander

200 g Joghurt, geschlagen

1 Teelöffel Garam Masala

60 g Zwiebeln, in Scheiben geschnitten und gebraten

4-5 frittierte Rosinen

½ Gurke, in Scheiben geschnitten

1 Tomate, in Scheiben geschnitten

1 Ei, hartgekocht und in Scheiben geschnitten

1 grüne Paprika, in Scheiben geschnitten

Methode

- Hammelfleisch, Lorbeerblätter, Pfefferkörner und Salz ins Wasser geben. Diese Mischung in einem Topf bei mittlerer Hitze 20–25 Minuten kochen.
- Die Hammelmischung abtropfen lassen und beiseite stellen. Die Brühe aufbewahren.
- Das Öl in einem Topf erhitzen. Nelken, Kardamom und Zimt hinzufügen. Lassen Sie sie 15 Sekunden lang spucken.
- Knoblauchpaste, Ingwerpaste und Zwiebeln hinzufügen. Bei mittlerer Hitze braten, bis sie braun sind.
- Fügen Sie die Hammelfleischmischung hinzu. 4 bis 5 Minuten braten, dabei in regelmäßigen Abständen umrühren.
- Reis, Kreuzkümmel, Koriander, Joghurt, Garam Masala und Salz hinzufügen. Leicht umrühren.
- Fügen Sie die Hammelbrühe mit so viel heißem Wasser hinzu, dass es 2,5 cm über dem Reisniveau steht.

- Den Pulao 10–12 Minuten köcheln lassen.
- Mit Zwiebelringen, Rosinen, Gurke, Tomate, Ei und grünem Pfeffer garnieren. Heiß servieren.

Hyderabadi Biryani

Für 4 Personen

Zutaten

1 kg Hammelfleisch, in 3,5 cm große Stücke geschnitten

2 Teelöffel Ingwerpaste

2 Teelöffel Knoblauchpaste

Salz nach Geschmack

6 Esslöffel raffiniertes Pflanzenöl

Joghurt 500g/1lb 2oz

2 Liter/3½ Pints Wasser

2 große Kartoffeln, geschält und in Viertel geschnitten

750 g Basmatireis, vorgekocht

1 Esslöffel Ghee, erhitzt

Für die Gewürzmischung:

4 große Zwiebeln, in dünne Scheiben geschnitten

3 Nelken

2,5 cm/1 Zoll Zimt

3 grüne Kardamomkapseln

2 Lorbeerblätter

6 Pfefferkörner

6 grüne Chilis

50 g zerstoßene Korianderblätter

2 Teelöffel Zitronensaft

1 Esslöffel gemahlener Kreuzkümmel

1 Teelöffel Kurkuma

1 Esslöffel gemahlener Koriander

Methode

- Das Hammelfleisch mit Ingwerpaste, Knoblauchpaste und Salz 2 Stunden lang marinieren.
- Alle Zutaten der Gewürzmischung miteinander vermischen.
- Das Öl in einem Topf erhitzen. Die Gewürzmischung hinzufügen und bei mittlerer Hitze 5-7 Minuten anbraten.
- Den Joghurt, das marinierte Hammelfleisch und 250 ml Wasser hinzufügen. 15–20 Minuten köcheln lassen, dabei gelegentlich umrühren.
- Kartoffeln, Reis und das restliche Wasser hinzufügen. 15 Minuten köcheln lassen.
- Gießen Sie das Ghee über den Reis und decken Sie ihn fest mit einem Deckel ab.
- Köcheln lassen, bis der Reis gar ist. Heiß servieren.

Gemüse-Biryani

Für 4 Personen

Zutaten

4 Esslöffel raffiniertes Pflanzenöl

2 große Zwiebeln, in dünne Scheiben geschnitten

1 Esslöffel Ingwerpaste

1 Esslöffel Knoblauchpaste

6 Pfefferkörner

2 Lorbeerblätter

3 grüne Kardamomkapseln

2,5 cm/1 Zoll Zimt

3 Nelken

1 Teelöffel Kurkuma

1 Esslöffel gemahlener Koriander

6 rote Paprika, gemahlen

50 g frische Kokosnuss, gerieben

200 g gefrorenes gemischtes Gemüse

2 Scheiben Ananas, fein gehackt

10-12 Cashewnüsse

200 g Joghurt

Salz nach Geschmack

750 g Basmatireis, vorgekocht

Etwas gelbe Lebensmittelfarbe

4 Teelöffel Ghee

1 Esslöffel gemahlener Kreuzkümmel

3 Esslöffel fein gehackte Korianderblätter

Methode

- Das Öl in einem Topf erhitzen. Alle Zwiebeln, Ingwerpaste und Knoblauchpaste hinzufügen. Die Mischung bei mittlerer Hitze anbraten, bis die Zwiebeln glasig werden.
- Pfefferkörner, Lorbeerblätter, Kardamom, Zimt, Nelken, Kurkuma, gemahlenen Koriander, rote Chilis und Kokosnuss hinzufügen. Gut mischen. 2-3 Minuten anbraten, dabei gelegentlich umrühren.
- Gemüse, Ananas und Cashewnüsse hinzufügen. Die Mischung 4 bis 5 Minuten anbraten.
- Den Joghurt hinzufügen. Eine Minute lang gut umrühren.
- Den Reis in einer Schicht auf der Gemüsemischung verteilen und die Oberseite mit Lebensmittelfarbe bestreuen.
- Das Ghee in einem anderen kleinen Topf erhitzen. Den gemahlenen Kreuzkümmel hinzufügen. Lassen Sie es 15 Sekunden lang spucken.
- Gießen Sie es direkt über den Reis.

- Mit einem Deckel abdecken und darauf achten, dass kein Dampf entweicht. Bei schwacher Hitze 10-15 Minuten kochen lassen.
- Mit Korianderblättern dekorieren. Heiß servieren.

Grünkohl Moti ki Biryani

(Ganzes schwarzes Biryani-Gramm)

Für 4 Personen

Zutaten

- 500 g Basmatireis, 30 Minuten eingeweicht und abgetropft
- 500 ml Milch
- 1 Teelöffel Garam Masala
- 500 ml Wasser
- Salz nach Geschmack
- 75 g Ghee
- 2 Teelöffel Ingwerpaste
- 2 Teelöffel Knoblauchpaste
- 3 grüne Chilischoten, der Länge nach geschnitten
- 6 große Kartoffeln, geschält und in Viertel geschnitten
- 2 Tomaten, fein gehackt
- ½ Teelöffel Chilipulver
- ⅓c: Kurkuma
- 200 g Joghurt
- 300 g Urad-Bohnen*, gekocht

1 Teelöffel Safran, eingeweicht in 60 ml Milch

25 g/ein paar Korianderblätter, fein gehackt

10 g Minzblätter, fein gehackt

2 große Zwiebeln, in Scheiben geschnitten und gebraten

3 grüne Kardamomkapseln

5 Nelken

2,5 cm/1 Zoll Zimt

1 Lorbeerblatt

Methode

- Den Reis mit Milch, Garam Masala, Wasser und Salz in einem Topf bei mittlerer Hitze 7–8 Minuten kochen. Zur Seite legen.
- Das Ghee in einer Auflaufform erhitzen. Ingwerpaste und Knoblauchpaste hinzufügen. Bei mittlerer Hitze eine Minute kochen lassen.
- Grüne Chilis und Kartoffeln hinzufügen. Die Mischung 3-4 Minuten braten.
- Tomaten, Chilipulver und Kurkuma hinzufügen. Gut mischen. Unter häufigem Rühren 2-3 Minuten braten.
- Den Joghurt hinzufügen. 2–3 Minuten vorsichtig umrühren.
- Fügen Sie die Urad-Bohnen hinzu. Bei schwacher Hitze 7 bis 10 Minuten kochen lassen.
- Korianderblätter, Minzblätter, Zwiebeln, Kardamom, Nelken, Zimt und Lorbeerblatt über die Bohnen streuen.

- Den gekochten Reis gleichmäßig auf der Bohnenmischung verteilen. Die Safranmilch über den Reis gießen.
- Mit Folie verschließen und mit einem Deckel abdecken.
- Backen Sie die Biryani im Ofen bei 200 °C (400 °F, Gasstufe 6) 15–20 Minuten lang. Heiß servieren.

Gehackt & Masoor Pulao

(Geschnittene und ganze rote Linsen mit Reispilaw)

Für 4 Personen

Zutaten

6 Esslöffel raffiniertes Pflanzenöl

2 Nelken

2 grüne Kardamomkapseln

6 schwarze Pfefferkörner

2 Lorbeerblätter

2,5 cm/1 Zoll Zimt

1 Teelöffel Ingwerpaste

1 Teelöffel Knoblauchpaste

1 große Zwiebel, fein gehackt

2 grüne Chilischoten, fein gehackt

1 Teelöffel Chilipulver

½ Teelöffel Kurkuma

2 Teelöffel gemahlener Koriander

1 Teelöffel gemahlener Kreuzkümmel

500 g gehacktes Lammfleisch

150 g ganze Masse*, 30 Minuten einweichen und abtropfen lassen

250 g Langkornreis, 30 Minuten eingeweicht und abgetropft

750 ml/1 Pint heißes Wasser

Salz nach Geschmack

10 g Korianderblätter, fein gehackt

Methode

- Das Öl in einem Topf erhitzen. Nelken, Kardamom, Pfefferkörner, Lorbeerblätter, Zimt, Ingwerpaste und Knoblauchpaste hinzufügen. Diese Mischung bei mittlerer Hitze 2-3 Minuten braten.
- Fügen Sie die Zwiebel hinzu. Anbraten, bis es durchscheinend wird.
- Grüne Chilis hinzufügen. Eine Minute braten.
- Chilipulver, Kurkuma, gemahlenen Koriander und Kreuzkümmel hinzufügen. 2 Minuten rühren.
- Hackfleisch, Masoor und Reis hinzufügen. Bei mittlerer Hitze 5 Minuten lang gut kochen lassen, dabei in regelmäßigen Abständen leicht umrühren.
- Heißes Wasser und Salz hinzufügen.
- Mit einem Deckel abdecken und 15 Minuten köcheln lassen.
- Den Pulao mit Korianderblättern garnieren. Heiß servieren.

Hühnchen Biryani

Für 4 Personen

Zutaten

1 kg Hähnchen ohne Haut und mit Knochen, in 8 Stücke geschnitten

6 Esslöffel raffiniertes Pflanzenöl

10 Cashewnüsse

10 Rosinen

500 g Basmatireis, 30 Minuten eingeweicht und abgetropft

3 Nelken

2 Lorbeerblätter

5 cm Zimt

4 Körner schwarzer Pfeffer

Salz nach Geschmack

4 große Zwiebeln, in dünne Scheiben geschnitten

250 ml Wasser

2½ Esslöffel Ghee

Eine große Prise Safran, aufgelöst in 1 Esslöffel Milch

Für die Marinade:

1½ Teelöffel Knoblauchpaste

1½ Teelöffel Ingwerpaste

3 grüne Chilischoten, fein gehackt

1 Teelöffel Garam Masala

1 Teelöffel gemahlener schwarzer Pfeffer

1 Esslöffel gemahlener Koriander

2 Teelöffel gemahlener Kreuzkümmel

Joghurt 125g/4½oz

Methode

- Alle Marinadenzutaten miteinander vermischen. Marinieren Sie das Huhn mit dieser Mischung 3-4 Stunden lang.
- 1 Esslöffel Öl in einem kleinen Topf erhitzen. Cashewnüsse und Rosinen hinzufügen. Bei mittlerer Hitze braten, bis es braun ist. Abgießen und aufbewahren.
- Den abgetropften Reis mit Nelken, Lorbeerblättern, Zimt, Pfefferkörnern und Salz kochen. Zur Seite legen.
- 3 Esslöffel Öl in einem Topf erhitzen. Die Hähnchenteile dazugeben und bei mittlerer Hitze 20 Minuten anbraten, dabei gelegentlich wenden. Zur Seite legen.
- Den Rest des Öls in einer anderen Pfanne erhitzen. Die Zwiebeln dazugeben und bei mittlerer Hitze anbraten, bis sie braun sind.
- Die gebratenen Hähnchenstücke dazugeben. Bei mittlerer Hitze weitere 5 Minuten garen.
- Das Wasser hinzufügen und köcheln lassen, bis das Huhn gar ist. Zur Seite legen.

- 2 Esslöffel Ghee in eine Auflaufform geben. Fügen Sie die Hühnermischung hinzu. Den Reis schichtweise auf dem Hähnchen anrichten.
- Die Safranmilch darüber gießen und das restliche Ghee hinzufügen.
- Mit Folie verschließen und fest mit einem Deckel abdecken.
- Bei 200 °C (400 °F, Gasstufe 6) 8 bis 10 Minuten backen.
- Mit den frittierten Cashewnüssen und Rosinen garnieren. Heiß servieren.

Garnelen-Biryani

Für 6 Personen

Zutaten

600 g große Garnelen, gereinigt und entdarmt

Salz nach Geschmack

1 Teelöffel Kurkuma

250 ml raffiniertes Pflanzenöl

4 große Zwiebeln, in Scheiben geschnitten

4 Tomaten, fein gehackt

2-3 Kartoffeln, geschält und gewürfelt

50 g fein gehackte Korianderblätter

25 g/ein paar Minzblätter, fein gehackt

200 g Joghurt

2 grüne Chilis, gehackt

450 g/1 Pfund gedämpfter Basmatireis (sieheHier)

Für die Gewürzmischung:

4 Nelken

2,5 cm/1 Zoll Zimt

3 grüne Kardamomkapseln

4 Körner schwarzer Pfeffer

2-3 grüne Chilis

¼ frische Kokosnuss, gerieben

4 rote Paprika

12 Knoblauchzehen

1 Teelöffel Kreuzkümmel

1 TL Koriander

Methode

- Alle Zutaten für die Gewürzmischung grob mahlen. Zur Seite legen.
- Mischen Sie die Garnelen mit Salz und Kurkuma. Zur Seite legen.
- 2 Esslöffel Öl in einem Topf erhitzen. Die Zwiebeln dazugeben und bei mittlerer Hitze anbraten, bis sie braun sind. Zur Seite legen.
- Restliches Öl in einem Topf erhitzen. Die Hälfte der Röstzwiebeln mit der gemahlenen Gewürzmischung hinzufügen. Gut vermischen und bei mittlerer Hitze eine Minute braten.
- Tomaten, Kartoffeln, Salz und Garnelen hinzufügen. Kochen Sie die Mischung 5 Minuten lang.
- Koriander, Minzblätter, Joghurt und grüne Chilis hinzufügen. Gut mischen. 10 Minuten köcheln lassen, dabei in regelmäßigen Abständen leicht umrühren. Zur Seite legen.
- In einem großen Topf die Reis-Garnelen-Mischung abwechselnd schichtenweise anrichten. Mit einer Schicht Reis abschließen.

- Die restlichen Zwiebeln darüber streuen, einen Deckel auflegen und 30 Minuten köcheln lassen. Heiß servieren.

Kartoffel-Ei-Biryani

Für 4-5 Personen

Zutaten

5 Esslöffel raffiniertes Pflanzenöl

3 Nelken

2,5 cm/1 Zoll Zimt

3 grüne Kardamomkapseln

2 Lorbeerblätter

6 Pfefferkörner

3 große Zwiebeln, in dünne Scheiben geschnitten

3 große Tomaten, fein gehackt

Salz nach Geschmack

TL Kurkuma

200 g Joghurt

3 große Kartoffeln, geschält, geviertelt und gebraten

6 Eier, gekocht und der Länge nach halbiert

300 g/10 Unzen gedämpfter Basmatireis

2 Esslöffel Ghee

1 Esslöffel Kreuzkümmelsamen

Etwas gelbe Lebensmittelfarbe

Für den Teig:

1 Esslöffel weiße Sesamkörner

4-5 rote Paprika

8 Knoblauchzehen

5 cm Ingwerwurzel

2-3 grüne Chilis

50 g Korianderblätter

1 Esslöffel Koriandersamen

Methode

- Alle Teigzutaten mit ausreichend Wasser vermischen, bis eine dicke Paste entsteht. Zur Seite legen.
- Das Öl in einem Topf erhitzen. Alle Nelken, Zimt, Kardamom, Lorbeerblätter und Pfefferkörner hinzufügen. Lassen Sie sie 30 Sekunden lang spucken.
- Fügen Sie die Zwiebeln hinzu. Bei mittlerer Hitze braten, bis sie glasig werden.
- Fügen Sie die Paste mit den Tomaten, Salz und Kurkuma hinzu. 2-3 Minuten braten, dabei gelegentlich umrühren.
- Den Joghurt hinzufügen. Kochen Sie die Mischung bei mittlerer Hitze und rühren Sie dabei häufig um.
- Fügen Sie die Kartoffeln hinzu. Mischen Sie sie gut, um sie mit der Soße zu überziehen.
- Geben Sie die Eistücke vorsichtig mit der Eigelbseite nach oben hinein.
- Den Reis auf den Eistücken verteilen. Legen Sie diese Vereinbarung beiseite.

- Das Ghee in einem kleinen Topf erhitzen. Die Kreuzkümmelsamen hinzufügen. Lassen Sie sie 15 Sekunden lang spucken.
- Gießen Sie diese Mischung direkt auf den Reis.
- Streuen Sie die Lebensmittelfarbe darüber und decken Sie die Pfanne mit einem Deckel ab.
- 30 Minuten köcheln lassen. Heiß servieren.

Den Poulao in Scheiben schneiden

(Lammhackfleisch mit Pilau-Reis)

Für 4 Personen

Zutaten

5 Esslöffel raffiniertes Pflanzenöl

2 Nelken

2 grüne Kardamomkapseln

6 schwarze Pfefferkörner

2 Lorbeerblätter

2,5 cm/1 Zoll Zimt

1 große Zwiebel, fein gehackt

1 Teelöffel Ingwerpaste

1 Teelöffel Knoblauchpaste

2 grüne Chilischoten, fein gehackt

2 Teelöffel gemahlener Koriander

1 Teelöffel Chilipulver

½ Teelöffel Kurkuma

1 Teelöffel gemahlener Kreuzkümmel

500 g gehacktes Lammfleisch

350 g Langkornreis, 30 Minuten in Wasser eingeweicht und abgetropft

750 ml heißes Wasser

Salz nach Geschmack

10 g Korianderblätter, fein gehackt

Methode

- Das Öl in einem Topf erhitzen. Nelken, Kardamom, Pfefferkörner, Lorbeerblätter und Zimt hinzufügen. Lassen Sie sie 15 Sekunden lang spucken.
- Fügen Sie die Zwiebel hinzu. Bei mittlerer Hitze glasig braten.
- Ingwerpaste, Knoblauchpaste, grüne Chilischoten, gemahlenen Koriander, Chilipulver, Kurkuma und gemahlenen Kreuzkümmel hinzufügen.
- 2 Minuten braten. Hackfleisch und Reis hinzufügen. Diese Mischung 5 Minuten lang anbraten.
- Heißes Wasser und Salz hinzufügen.
- Mit einem Deckel abdecken und 15 Minuten köcheln lassen.
- Den Pulao mit Korianderblättern garnieren. Heiß servieren.

Chana Pulao

(Kichererbsen mit Pilau-Reis)

Für 4 Personen

Zutaten

2 Esslöffel raffiniertes Pflanzenöl

1 Teelöffel Kreuzkümmelsamen

1 große Zwiebel, fein gehackt

1 Teelöffel Ingwerpaste

1 Teelöffel Knoblauchpaste

2 grüne Chilischoten, fein gehackt

300 g Kichererbsen aus der Dose

300 g Langkornreis, 30 Minuten eingeweicht und abgetropft

Salz nach Geschmack

250 ml Wasser

Methode

- Das Öl in einem Topf erhitzen. Die Kreuzkümmelsamen hinzufügen. Lassen Sie sie 15 Sekunden lang spucken.
- Zwiebeln, Ingwerpaste, Knoblauchpaste und grüne Chilis hinzufügen. Diese Mischung bei mittlerer Hitze 2-3 Minuten braten.

- Kichererbsen und Reis hinzufügen. 4-5 Minuten anbraten.
- Salz und Wasser hinzufügen. Den Pulao eine Minute lang bei mittlerer Hitze kochen.
- Mit einem Deckel abdecken und 10-12 Minuten köcheln lassen.
- Heiß servieren.

Einfaches Khichdi

(Gemischter Reis und Linsen)

Für 4 Personen

Zutaten

1 Esslöffel Ghee

1 Teelöffel Kreuzkümmelsamen

2 grüne Chilischoten, der Länge nach geschnitten

250 g Langkornreis

150 g Mung Dhal*

1 Liter/1¾ Pints heißes Wasser

Salz nach Geschmack

Methode

- Das Ghee in einem Topf erhitzen. Kreuzkümmel und grüne Chilis hinzufügen. Lassen Sie sie 15 Sekunden lang spucken.
- Reis und Mung Dhal hinzufügen. 5 Minuten anbraten.
- Heißes Wasser und Salz hinzufügen. Gut mischen. Mit einem Deckel abdecken. Das Khichdi 15 Minuten lang köcheln lassen – es sollte eine breiartige Konsistenz haben.
- Heiß servieren.

Reis-Masala

(Scharfer Reis)

Für 4 Personen

Zutaten

6 Esslöffel raffiniertes Pflanzenöl

½ Teelöffel Senfkörner

10 Curryblätter

2 grüne Chilischoten, der Länge nach geschnitten

TL Kurkuma

2 große Zwiebeln, in dünne Scheiben geschnitten

½ Teelöffel Chilipulver

2 Teelöffel Zitronensaft

Salz nach Geschmack

300 g gedämpfter Langkornreis

1 Esslöffel gehackte Korianderblätter

Methode

- Das Öl in einem Topf erhitzen. Senfkörner, Curryblätter und grüne Chilis hinzufügen. Lassen Sie sie 15 Sekunden lang spucken. Kurkuma und Zwiebeln hinzufügen. Die Mischung bei mittlerer Hitze anbraten, bis die Zwiebeln goldbraun sind.

- Die restlichen Zutaten außer dem Koriander hinzufügen. Bei schwacher Hitze 5 Minuten lang vorsichtig umrühren. Mit Korianderblättern dekorieren. Heiß servieren.

Zwiebelreis

Für 4 Personen

Zutaten

5 Esslöffel raffiniertes Pflanzenöl

½ Teelöffel Senfkörner

½ Teelöffel Kreuzkümmel

4 mittelgroße Zwiebeln, in dünne Scheiben geschnitten

3 grüne Chilischoten, fein gehackt

5 Knoblauchzehen, fein gehackt

300 g/10 Unzen gedämpfter Basmatireis

Salz nach Geschmack

60 ml Wasser

10 g Korianderblätter, gehackt

Methode

- Das Öl in einem Topf erhitzen. Senfkörner und Kreuzkümmel hinzufügen. Lassen Sie sie 15 Sekunden lang spucken.
- Zwiebeln, grüne Chilis und Knoblauch hinzufügen. Diese Mischung bei mittlerer Hitze anbraten, bis die Zwiebeln glasig sind.

- Reis, Salz und Wasser hinzufügen. Bei mittlerer Hitze 5-7 Minuten kochen lassen.
- Den Zwiebelreis mit den Korianderblättern garnieren. Heiß servieren.

Gedünsteter Reis

Für 4 Personen

Zutaten

375 g Langkorn- oder Basmatireis

750 ml/1¼ Pints Wasser

Methode

- Den Reis gut waschen.
- Das Wasser in einem Topf erhitzen. Den Reis hinzufügen und bei starker Hitze 8 bis 10 Minuten kochen lassen.
- Drücken Sie leicht zwischen Daumen und Zeigefinger auf ein Reiskorn, um zu prüfen, ob es gar ist.
- Vom Herd nehmen und in einem Sieb abtropfen lassen. Heiß servieren.

·

www.ingramcontent.com/pod-product-compliance
Lightning Source LLC
LaVergne TN
LVHW021705060526
838200LV00050B/2512